Kort-Krieger · Wechselwähler

Wahlforschung und Wählerverhalten

herausgegeben von Dr. Karlhans Liebl

Band 1

Wechselwähler

Verdrossene Parteien – Routinierte Demokraten

Ute Kort-Krieger

Centaurus Verlag & Media UG 1994

Die Autorin, *Dr. Ute Kort-Krieger*, ist Akademische Oberrätin
an der Technischen Universität München

Die Deutsche Bibliothek - CIP-Einheitsaufnahme

Kort-Krieger, Ute:
Wechselwähler : verdrossene Parteien - routinierte Demokraten /
Ute Kort-Krieger. - Pfaffenweiler : Centaurus-Verl.-Ges., 1994
(Wahlforschung und Wählerverhalten ; Bd. 1)
ISBN 978-3-89085-924-8 ISBN 978-3-86226-500-8 (eBook)
DOI 10.1007/978-3-86226-500-8
NE: GT

ISSN 0947-1235

Satz: Vorlage der Autorin

INHALTSVERZEICHNIS

Politische Überlegungen
1919 bis 1990: Anmerkungen zur demokratischen Tradition in Deutschland 9

Theoretische Vorklärungen
1. Zur Funktion von Wechselwählern in demokratischen Systemen 11
2. Wechselwähler in der politischen Geschichte der Bundesrepublik Deutschland 14

Empirische Annäherungen

3. Zur politischen Entwicklung zwischen 1980 und 1990 18
4. Wer ist ein Wechselwähler und wieviele gibt es? 20
5. Woher kommen und wohin gehen Wechselwähler - politisch? 26
6. Politische Neigungen und Sympathien 33
7. Wie lang ist der politische Weg? 44

8. Zur Demographie und Sozialstruktur 48
8.1 Frauen- bzw. Männerüberschuß 49
8.2 Alter und Bildung 51
8.3 Soziale Schicht 56

9. Bindungen an soziale Milieus
9.1 Etablierte Milieus: Parteien, Gewerkschaften und Kirchen 63
9.2 Alternative Milieus: Antikernkraft-, Friedens- und Frauenbewegung 65

10. Politische Einstellungen und politisches Interesse
10.1 Kernenergie nach Tschernobyl 69
10.2 Politisches System und Regierungen 71
10.3 Absolute Mehrheiten 75
10.4 Politisches Interesse 78

11. Politische Probleme und Inhalte: "Issues" 80
11.1 Valenzen: Wie wichtig sind politische Probleme? 83
11.2 Kompetenzen: Wer kann die politischen Probleme (besser) lösen? 86

Resumee 92

Verzeichnis der Tabellen 94
Verzeichnis der Abbildungen 95

Anhang

Datengrundlagen und Primärforscher 98
Abbildungen A38('83) bis A43('87) 101
Literaturverzeichnis 113

Vorwort

Auf einem der wenigen weißen Flecken, dem die empirische Wahlforschung noch kaum Farbe gab, stehen die Wechselwähler. Probleme werfen sie seit langem auf: wissenschaftlich und politisch. Für die wissenschaftliche Analyse demokratischer Systeme waren sie immer wichtig in ihrer Funktion, die Verteilung von Macht bzw. Herrschaft zu verändern. Vermutet wird, daß ihr wachsender Anteil in der Wahlbevölkerung dieser Funktion im Rahmen künftiger theoretischer und empirischer Analysen ein sehr viel stärkeres Gewicht verleihen wird. Für Politiker sind wissenschaftliche Erkenntnisse über Wechselwähler und ihre wachsende Bedeutung von Interesse, um vor dem Hintergrund des gesellschaftlichen Wandels realistische Strategien des Machterwerbs bzw. -erhalts entwerfen zu können.

Diese Arbeit ist der Versuch, mit empirischen Mitteln und trotz der damit verbundenen Probleme schärfere Konturen des Bildes vom Wechselwähler zu zeichnen.

Mein Dank gilt der Forschungsgruppe Wahlen e.V. Mannheim, die die in dieser Arbeit verwendeten Daten erhoben hat und dem Zentralarchiv für empirische Sozialforschung, Universität zu Köln (ZA), das sie aufbereitete und zur Verfügung stellte. Sie sind im Anhang mit der Dokumentation ihrer Arbeiten aufgeführt. Aber weder die dort genannten Personen und Institutionen, noch das Zentralarchiv für empirische Sozialforschung tragen irgend eine Verantwortung für die Analyse oder Interpretation der Daten.

Mein besonderer Dank gilt Thomas Kleemann für seine geduldige und tatkräftige Unterstützung bei der Erstellung der Druckfassung des Manuskripts.

Ute Kort-Krieger

Politische Überlegungen

1919 bis 1990: Anmerkungen zur demokratischen Tradition in Deutschland

Die Weimarer Republik, die erste Demokratie der deutschen Nation, dauerte 13 Jahre. Das Dritte Reich, dessen Politik die zivilisierte Welt veranlaßte, die deutsche Nation zu zerschlagen, dauerte 12 Jahre. Die als Resultat dieser Katastrophe entstandenen zwei deutschen Republiken wurden 40 Jahre alt. Insgesamt sind also nur 70 Jahre vergangen - ein Menschenleben - seit dem ersten Versuch einer deutschen Demokratie: eine vergleichsweise sehr kurze nationale demokratische Tradition. Zudem hat die deutsche Nation nur den geringeren Teil davon - 30 Jahre zwischen 1919 und 1949 - nicht geteilt existiert.

Ein glücklicher Zufall bzw. die westlichen Besatzungsmächte und kein historisches Verdienst *(Hermann Glaser 1991, S. 14)* setzte die Westdeutschen 1949 auf den sich erfolgreich entwickelnden demokratischen Weg. Aber auch noch 1991 wurde die Frage gestellt, ob diese Entwicklung demokratischer Institutionen und Verhaltensweisen letztendlich doch nur deshalb so erfolgreich verlief, weil sie sich ökonomisch direkt oder indirekt "auszahlte" *(Martin Greiffenhagen 1991, S. 17)*. Das sozialistische Modell unter der Kontrolle der Sowjetunion im östlichen Teil Deutschlands hingegen scheiterte politisch und ökonomisch. Bereits ein Jahr nach der Wiedervereinigung war entschieden, daß es keinen "dritten" politischen Weg für das vereinte Deutschland gibt. Die ehemalige DDR hat sich in einem historisch sehr kurzen Prozeß der Selbstauflösung dem ökonomisch und politisch so erfolgreichen demokratischen Modell Westdeutschlands angeschlossen.

Dabei wird inzwischen fast vergessen, daß das Ende der DDR mit einer Avantgarde begann, die im Herbst 1989 - unter den politischen Bedingungen der DDR - die demokratische Leistung erbrachte, *"sich auf friedlichem Wege aus politischer Vormundschaft selbst zu befreien" (Ursula Feist 1991, S. 29)*: eine historisch einmalige Leistung in der sehr kurzen Geschichte der Demokratie in Deutschland. Andererseits ist sie aber auch eine - im Vergleich zu anderen Ostblockstaaten - späte politische Entwicklung, die ihren Ursprung hatte in der Demokratisierung und dem politischen Zusammenbruch des Ostblocks als Folge der Politik Gorbatschows. Diese politische Avantgarde hatte durchaus Vorstellungen über einen "dritten" politischen Weg, auf dem wichtige Grundlagen ihrer Identität im vereinten Deutschland erhalten werden sollten. Aber ihr ging es wie vielen Revolutionären der ersten Stunde: über den dritten Weg und seine Verfechter am "Runden Tisch" ging die Entwicklung ziemlich schnell hinweg. Ihnen gelang es nicht, die Massen zu überzeugen: diese zogen den "Anschluß" vor. Nach 40 Jahren politischer und ökonomischer Misere - im Vergleich zu dem vom historischen Zufall begünstigten westlichen Teil Deutschlands - ist der Unwillen an politischen Experimenten sicherlich plausibel. Das erfolgreiche demokratische Modell Bundesrepublik wurde total mit seinen politischen, administrativen und ökonomischen Strukturen und Institutionen übernommen, was sich - so die anfänglichen Versprechen der politischen Machthaber - auch noch "auszahlen" soll. Die Bereitwilligkeit der ehemaligen DDR-Bürger, sich dem dafür notwendigen Anpassungsprozeß zu unterziehen, ist offenbar hoch. In einigen Bereichen politischer Strukturen, wie zum Beispiel der weitgehenden Übernahme des westdeutschen Parteiensystems, erweisen sich die neuen Wahlbürger als Musterschüler. Bei der ersten gesamtdeutschen Wahl am 2. Dezember 1990 erreichte das Regierungslager aus CDU und FDP im Wahlgebiet Ost 54,7% und aus CDU/CSU und FDP im Wahlgebiet West 54,8% der Stimmen! Damit lassen die neuen Wahlbürger erkennen, daß sie *diese* Lektion gelernt haben. Sie haben aber sicher auch gelernt, daß weitere Wahlen kommen werden, bei denen ihre Entscheidung anders ausfallen kann. Detaillierte Analysen sämtlicher bisheriger ostdeutschen Volkskammer-, Landtags- und Kommunalwahlen zeigen ja nicht nur solche Gemeinsamkeiten, sondern deuten ebenso darauf hin, daß *"zwei Wahlgebiete mit völlig unterschiedlicher gesellschaftlicher Tradition" (Wolfgang G. Gibowski und Max Kaase 1991, S. 4)* zusammengeführt wurden.

Diese erste Bundestagswahl nach der Wiedervereinigung im Oktober 1990 ist wohl treffend als *"Übergangswahl"* und *"Zäsur von Politik und Gesellschaft in Deutschland" (Max Kaase und Wolfgang G. Gibowski 1991, S. 14ff)* bezeichnet worden. Die politische Situation, in der die Wahl stattfand, und die Wählerschaft unterscheiden sich damit grundlegend von früheren Wahlen in der alten Bundesrepublik. Allerdings sind die neuen Bundesbürger eine *"Gesellschaft der Erstwähler" (Werner Kaltefleiter und Barbara Lübcke 1991, S. 32)* und können in die jetzige Analyse von Wechselwählern noch nicht einbezogen werden.

Theoretische Vorklärungen

1. Zur Funktion von Wechselwählern in demokratischen Systemen

Wahlen sind in demokratischen Systemen dazu da, politische Herrschaft auf Zeit zu legitimieren. Daraus resultierende parlamentarische Mehrheitsverhältnisse bestimmen, wer Regierung und Opposition bilden kann bzw. muß. Ein nach demokratischen Regeln vollzogener Macht- bzw. Regierungswechsel gilt als Beweis für das Funktionieren eines demokratisch verfaßten politischen Systems.

Ein paar Anmerkungen zu der Verwendung der Begriffe "Macht" und "Herrschaft". Sie werden in der politischen und wissenschaftlichen Diskussion häufig synonym gebraucht, obwohl eigentlich meistens Herrschaft gemeint ist. Max Webers (1964, S. 38) Begriffsklärungen vorausgesetzt, gibt es "demokratische" Macht nicht und damit auch keinen demokratischen Machtwechsel. Macht impliziert Willkür, Herrschaft hingegen muß sich legitimieren. Demokratische Systeme legen dafür Verfahren fest. Ist die Willkür der Macht - etwas lax ausgedrückt - durch demokratische Legitimation ersetzt, handelt es sich um demokratische "Herrschaft", im üblichen Sprachgebrauch aber häufig demokratische "Macht" genannt. Um umständliche "Übersetzungen" zu vermeiden, wird es im folgenden dabei belassen.

Die Bundesrepublik Deutschland ist den Beweis ihrer Funktionsfähigkeit durch einen nach demokratischen Regeln vollzogenen Macht- bzw. Regierungswechsel 20 Jahre lang schuldig geblieben. Erst nach der Bundestagswahl 1969 wurde die CDU/CSU als Regierungspartei abgelöst. Zu diesem Wahlzeitpunkt bildete sie aber bereits seit 1967 eine Große Koalition mit der SPD. Damit hatte ein (halbherziger) Machtwechsel bereits zwei Jahre vorher und ohne Wahlen stattgefunden. Die vorherige Oppositionspartei SPD trat in die Regierung ein, ohne jedoch die CDU/CSU als Regierungspartei abzulösen. Dies geschah dann zwar nach der Bundestagswahl 1972 durch die sozial-liberale Koalition. Da die SPD aber schon vorher Regierungspartei war, auch kein vollständiger Machtwechsel. In der Tat wurde auf Bundesebene noch nie ein Regierungswechsel durch Wahlen ausgelöst. Der zweite und (bisher) letzte vollzog sich 1982 - ebenfalls ohne Wahlen. Die FDP beendete die 1969 geschlossene sozial-liberale Koalition und wechselte zur CDU/CSU.

Legal ist dies alles: die Verfassung sieht lediglich vor, daß ein Regierungswechsel von der Mehrheit des Parlaments getragen werden muß. Wie und wann eine solche Mehrheit zustande kommen soll, ist nirgends festgelegt. Regierungs(um)bildungen können, müssen aber keineswegs durch Wahlen ausgelöst werden. Gründe für diese politische Praxis liegen im Wahlsystem: die Mischung aus Verhältnis- und Mehrheitswahlrecht macht absolute Mehrheiten für eine Partei - und damit eindeutige Regierungsaufträge - eher unwahrscheinlich. Eine absolute Stimmenmehrheit gab es bisher nur einmal nach Bundestagswahlen: 1957 für die CDU/CSU. Parlamentarische Regierungsmehrheiten werden deshalb in der Regel durch Koalitionen und nicht durch Wahlen geschaffen, was folglich ebenso für Macht- bzw. Regierungswechsel gilt.

Ähnliche parlamentarische Verhältnisse gibt es auch in anderen Ländern mit Verhältniswahlsystemen, wie z. B. in den Niederlanden und Belgien. Großbritannien wiederum zeigt, daß ein Mehrheitswahlsystem regelmäßig für absolute Mehrheiten sorgt, und das Wählervotum sowohl die regierende Partei bestimmt als auch legitimiert. Auf *Legitimierung* des Machtwechsels durch Wahlen kann aber auch in "gemischten" Systemen wie dem deutschen nicht verzichtet werden, in denen Macht- bzw. Regierungswechsel ohne Wählervotum legal und tatsächlich bisher die Regel war. Nur wird diese Legitimation u. U. erst *nach* dem Machtwechsel gesucht. Das jüngste Beispiel hierfür war die vorgezogene Bundestagswahl von 1983, mit der sich die CDU/CSU/FDP-Koalition die Legitimation der Wähler für die 1982 vollzogene "Wende" holte. Obwohl es nach der geschriebenen Verfassung nicht notwendig ist,

> *"... steht die Szenerie (des Macht- und Regierungswechsels) unter einem Wahl- und damit Legitimationsvorbehalt, der der Entscheidung der Führungsgruppen zum Machtwechsel den Stempel des Vorläufigen aufzudrücken scheint" (Werner Süß 1986, S. 40).*

Die politische Binsenwahrheit, daß Legalität von Verfahren nicht ausreicht, politische Legitimität zu begründen, wird in diesem Fall besonders deutlich. Auch politische Eliten verspüren möglicherweise Unbehagen bzw. Unsicherheit bei nur legalem Vollzug eines Macht- und Regierungswechsels. *Legitimation* von Macht ist aber nur durch Wahlen zu erhalten, *Erwerb* der Macht ist auch auf andere Weise möglich, und Wahlen sind keineswegs Voraussetzung dafür, wie die bisherige Geschichte der Bundesrepublik gezeigt hat.

Aber die Verfassung schreibt *periodische* Wahlen vor: Macht wird in Demokratien nur auf Zeit verliehen. Wahlen finden also nicht nur dann statt, wenn politische Eliten Bedarf nach Rechtfertigung ihres Handelns verspüren. Wählermeinungen, Wählerstimmen und nicht zuletzt(!) Wählermehrheiten stellen demnach, wenn auch keine hinreichenden, so doch notwendige politische Größen dar, mit denen Politiker bei Erwerb und Verteilung politischer Macht (auch) rechnen müssen.

Eine Gruppe unter den Wählern erschwert aber solche Überlegungen: die Wechselwähler. Verändert ein genügend großer Teil der Wählerschaft durch seine Wahlentscheidung die parlamentarische Mehrheitsverhältnisse, *kann* Macht- und Regierungswechsel die Folge sein. Wechselwähler tragen also dazu bei, daß ein wesentliches Element demokratischer Systeme - das befristete politische Mandat - auf Dauer realisiert werden kann. Diese existentielle demokratische Funktion der Wechselwähler ruft bei Politikern und auch bei Wahlforschern seit langem gemischte Gefühle hervor. Die *Forschungsgruppe Wahlen (1985, S. 22)* formuliert solche Gefühle:

"Wieviele Wähler zwischen zwei Wahlterminen ihre Wahlentscheidung ändern, zwischen welchen Parteien sie wechseln oder eventuell nicht wählen, ist sicher eine der interessantesten Fragen der Wahlforschung, für Politiker und Parteien vielleicht sogar die wichtigste überhaupt".

Präzise Informationen über Wechselwähler sind deshalb ebenso dringlich, wie - das wird später zu zeigen sein - schwierig zu beschaffen. Außer der Frage, *wieviele* es jeweils gibt, interessiert alle Beteiligten, *wer* diese Wechselwähler sind, und wie sie - wenn überhaupt - politisch, ökonomisch und sozial einzuordnen sind. Und vor allem: wissen sie überhaupt, was sie tun, d. h. sind sie sich ihrer potentiellen machtverändernden Funktion überhaupt bewußt? Diese Fragen sind keineswegs neu. Sie beherrschen die politische und wissenschaftliche Debatte über die Wechselwähler seit den zwanziger Jahren. In dieser Debatte, die vor allem in England und Frankreich geführt wurde, war man sich einig über die wichtige Funktion der *"floating voters"* als mögliche Auslöser von Machtwechsel in Demokratien. *Wieviele* und *wer* sie sind: darüber konnte mangels empirischer Grundlagen nur spekuliert werden. Mehr interessierte die Kontroverse darüber, ob die Wechselwähler überhaupt wissen (können), was sie tun. Sind sie die demokratische Wählerelite und somit

"der lebhafteste und beweglichste Teil der Bevölkerung, der sich fähig zeige, Lehren aus der politischen Erfahrung zu ziehen und die Handlungen der Regierung zu beurteilen" (Maurice Duverger 1955, zit. in: Erwin Faul 1960, S. 248f)?

Haben sie zudem noch einen nach Links und Rechts mäßigenden politischen Einfluß, da sie vorwiegend der (unteren) Mittelklasse angehören und deshalb allen Extremen abgeneigt sind *(Ivor Jennings 1945, zit. nach: Erwin Faul 1960, S .249)*. Oder wissen sie nicht, was sie tun? Sind sie im Gegenteil

"der am wenigsten informierte, am wenigsten stabile Teil des Wahlkörpers, diejenigen, die durch plötzliche Paniken hin- und hergerissen werden, durch Wahlschlagworte, durch Verleumdungskapagnen oder durch absurde und phantastische Versprechungen" (Ramsey Muir 1930, zit. in: Erwin Faul 1960, S. 249f)?

Empirisch befaßten sich zum ersten Mal mit Wechselwählern *Paul Lazarsfeld* und seine Mitarbeiter in ihren breit angelegten Studien zu den amerikanischen Präsidentschaftswahlkämpfen 1940 und 1944. Die Ergebnisse ihrer Untersuchungen schienen der negativen Einschätzung recht zu geben: die Wechselwähler entsprachen nicht den seinerzeit herrschenden normativen Demokratievorstellungen des interessierten, informierten und politisch aktiven Bürgers. *"Cross-pressures"*, also Erfahrungen mit widersprüchlichen politischen und sozialen Einflüssen in ihrem Umfeld, riefen bei diesen Bürgern Vermeidungshandeln hervor. Sie wandten sich von der Politik ab, äußerten wenig oder kein Interesse daran bzw. maßen ihr keine Bedeutung zu, entschieden sich mehr oder minder zufällig für eine Partei oder wählten überhaupt nicht. Dies Ergebnis kam unerwartet:

"... denn politische Experten haben oft genug behauptet, daß während eines Wahlkampfes eher der intelligentere und interessiertere Wähler seine Kandidaten wechseln wird, weil er mehr über ihre Programme erfährt und besser in der Lage ist, ihre innen- und außenpolitischen Fähigkeiten abzuschätzen" (Paul Lazarsfeld u.a. 1969, S. 23).

Paul Lazarsfelds Ansatz war sozialpsychologisch. Ihn interessierte primär, wie politische Meinungen zustande kommen und welchen Einflüssen und Veränderungen sie unterliegen. Er untersuchte dies an individuellen Meinungsänderungen im Verlauf von Wahlkämpfen. Die Rolle des Wechselwählers in demokratischen Systemen als die eines potentiellen Auslösers von Machtwechsel wurde von ihm nicht direkt thematisiert. Aber die Ergebnisse seiner Studien schienen deutlich dafür zu sprechen, daß Wechselwähler eher nicht wissen, was sie tun, und sich deshalb auch kaum über ihre kritische Rolle in demokratischen Systemen im klaren sind oder sein können.

2. Wechselwähler in der politischen Geschichte der Bundesrepublik Deutschland

Die Diskussion in der Bundesrepublik war bis in die sechziger Jahre von der oben geschilderten negativen Meinung über die Wechselwähler beherrscht:

"Man tut sie hier gern als Flugsand ab, der besonders leicht dem Sturmwind der Demagogie folge und hierdurch das Gefüge des demokratischen Staates ins Rutschen bringen könne" (Erwin Faul 1960, S. 250).

Noch 1969 setzte sich *Dieter Grosser (1969, S. 17)* mit Argumenten zu Wechselwählern als *"politischen Analphabeten"* auseinander. Nahe liegt eine solche Beurteilung des Wechselwählers, wenn man sie vor dem Hintergrund der historischen Entwicklung der Bundesrepublik sieht. *Max Kaase* gibt *1967 (S. 8ff)* zu bedenken, daß die Bundesrepublik Deutschland in den 17 Jahren ihrer Existenz und in fünf Bundestagswahlen (bis 1965) noch keinen Machtwechsel erfahren habe. So tat sich offensichtlich auch die politische Analyse schwer mit der Idee des Machtwechsels und der Rolle, die Wechselwähler dabei spielen können. Solche Ideen galten eher als Zeichen von Instabilität, denn als gültiger Beweis der Stabilität eines demokratischen Systems. Er formulierte zum ersten Mal die eminent demokratische Funktion der Wechselwähler, *"die durch Abgabe ihrer Stimme zugunsten einer anderen Partei die Chance des Machtwechsels gewährleisten" (ebenda, S. 10)* und untersuchte anläßlich der Bundestagswahl 1961 erstmals empirisch Wechselwähler in der Bundesrepublik. Die Ergebnisse machten deutlich, daß diese Wechselwähler, im Unterschied zu denen der amerikanischen Untersuchungen aus den vierziger Jahren, offenbar wußten, was sie taten.

"Auch wenn der Tatsache Rechnung getragen wird, daß ein Teil der Wechsler den Vorstellungen eines uninteressierten und wenig informierten Wählers entspricht - dies gilt jedoch ebenfalls für viele Wähler mit gleichbleibender Parteipräferenz -, so muß doch zumindest 1961 der Mehrheit gerade der Wechselwähler ein überdurchschnittliches politisches Interesse, das mit ihrer günstigen Stellung im System sozialer Schichtung korreliert, zugestanden werden. Für diese Wähler liegen auch die Gründe des Wechsels mit größerer Wahrscheinlichkeit im politischen Bereich und sind keine zufälligen Entscheidungen."
(Max Kaase 1967, S. 146)

Auch das Bewußtsein und die Motivation, einen Macht- und Regierungswechsel zu verursachen, waren zu erkennen. Die politische Beweglichkeit hierfür sah *Max Kaase* bei einem Teil der Wählerschaft durchaus gegeben. Was seiner Meinung nach allerdings fehlte, war eine funktionierende Opposition: die SPD schien damals stärkeres Interesse an einer Großen Koaltion als an Wählermehrheiten zu haben. Das Resumee der politischen Lage 1967:

"...daß die Wähler bessere Voraussetzungen zur Funktionsfähigkeit des politischen Systems in der Bundesrepublik als die politischen Parteien selber liefern, die so leicht geneigt sind, dem Wähler seine Nichtzuständigkeit in politischen Fragen zu bestätigen" (Max Kaase a.a.O., S. 146f).

Dies tun Parteien auch noch mehr als zwanzig Jahre später, vielleicht mit anderem Zungenschlag aber immer noch mit sehr gemischten Gefühlen. 1985 erkannte man nicht nur politische "Schwächen" von Bürgern in Form des (Wechsel-)Wählens, sondern auch dessen destruktive Konsequenzen für die Entwicklung des politischen System der Bundesrepublik.

"Sprunghaftigkeit" und "quecksilberhafte Flexibilität" (Elisabeth Noelle-Neumann, zit. nach Peter Radunski 1985, S. 5) der Wähler ist für eine *"Stimmungsdemokratie kennzeichnend, in der die Wähler kurzfristig Meinungen verändern, hin- und herschwanken und die Politiker zu schnellen Lösungen zwingen" (a.a.O., S. 3ff).*

Mit dieser politischen Wertung (der CDU) wird die zunehmende Unsicherheit in der Prognostizierbarkeit des Wählerverhaltens seit den achtziger Jahren deutlich. Die Parteien können sich nicht mehr in dem Maße wie bisher auf einen sicheren Wählerstamm stützen. Zwar binden die "klassischen" Milieus der beiden großen Parteien immer noch viele Stimmen: die gewerkschaftlich orientierten Arbeiter an die SPD, sowie die kirchlich gebundenen Gruppen und die Selbständigen an die CDU/CSU. Aber offenbar tun sie dies nicht mehr in dem Ausmaß und mit der Selbstverständlichkeit wie noch vor zwanzig Jahren *(Hans-Joachim Veen und Peter Gluchowski 1988, S. 225).* Gründe dafür liegen in den nachlassenden Einflüssen sozialer und politischer Herkunftsmilieus, die noch bis in die sechziger Jahre hinein das Wahlverhalten "berechenbar" machten. Vielfältige Mobilitätsprozesse haben sowohl die sozialstrukturelle Zusammensetzung der Bevölkerung, wie auch die Wert- und Normensysteme nachhaltig verändert. Kleiner geworden sind diejenigen Gruppen, die die traditionellen Anhängerschaften der großen Parteien ausmachten:

die Arbeiter ebenso wie der Alte Mittelstand der Selbständigen. Dagegen gehören wachsende Bevölkerungsanteile zu den "Neuen" Mittelschichten der qualifizierten und aufsteigenden technischen und akademischen Intelligenz. Seit 1975 haben Angestellte und Beamte die Arbeiter als relativ größte Gruppe unter den Erwerbstätigen abgelöst. Die folgende Abbildung illustriert diese Entwicklung.

Abbildung 1

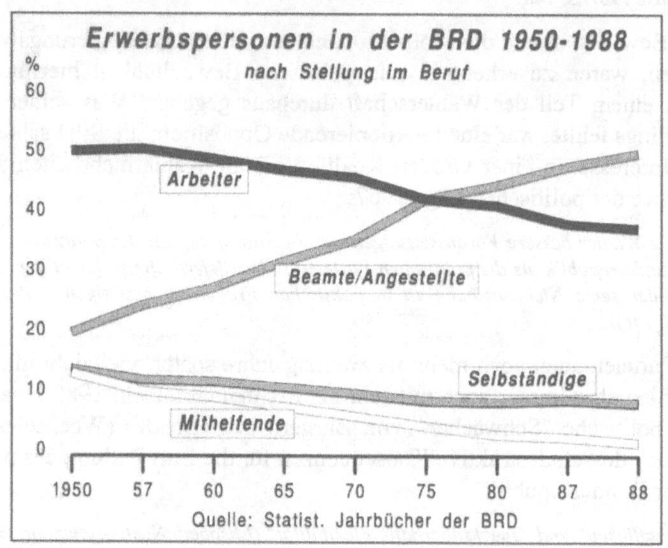

Wirtschaftlicher Strukturwandel, die Bildungsexpansion seit den sechziger Jahren und Veränderungen im Rollenverständnis der Frauen zeigen hier gesellschaftliche und politische Wirkungen. Diese "Neuen" Mittelschichten lösen sich zunehmend aus ihren sozialen, politischen und auch regionalen Herkunftsmilieus: sie *erben* nicht mehr, sondern *erwerben* ihre politischen Orientierungen. Dies macht sie für alle Parteien einerseits weniger berechenbar, andererseits aber auch offener. Auf jeden Fall aber spricht vieles dafür - und hier mag ein Grund für die gemischten Gefühle der Politiker liegen -, daß sie "politischer" sind, d. h. an Inhalten interessiert. Sie zu überzeugen, bedarf es politischer Argumentation, nicht Appellation, was bei einer traditionell (über Kirchen, Gewerkschaften, berufliche, soziale und regionale Mileus) weitgehend gesicherten Stammwählerschaft im Falle der beiden großen Parteien SPD und CDU/CSU weniger notwendig war. Für die beiden kleinen Parteien FDP und DIE GRÜNEN, mit sehr viel weniger Stammwählern als die großen, ist ein solcher politischer Dialog mit den Wählern schon länger notwendig, denn sie *"leben geradezu von den Wechselwählern" (Matthias Jung 1990, S. 183).*

Aufgrund dieser ökonomischen, sozialen und politischen Entwicklungen werden Wechselwähler heute vor allem bei den jüngeren, gebildeten, mobilen Gruppen und in politisch wenig festgelegten Milieus vermutet *(H. U. Brinkmann 1988, S.19)*. Für diese Vermutungen gibt es bereits seit 1986 empirische Belege, die denen aus *Max Kaases* erster Untersuchung von 1965 über die Wechselwähler gleichen. Analysen der Bundestagswahlen 1961 bis 1983 ergaben:

> *"Aufgrund ihrer Alters- und Sozialstruktur wie auch ihrer Einbindung in soziale Milieus, unterscheiden sich Wechselwähler deutlich von der Stammwählerschaft: sie sind jünger, besser gebildet, sozial eher aufsteigend, weniger an Parteien und Kirchen gebunden, dabei aber politisch interessierter." (Ute Kort-Krieger und Jörn W. Mundt 1986, S. 94)*

Dringlicher als früher wird aber heute die Frage nach präzisen Angaben über die Größe dieser Gruppe gestellt. Wenn die gesellschaftliche Entwicklung in der geschilderten Weise weitergeht, ist damit zu rechnen, daß es immer mehr Wechselwähler geben und möglicherweise ein Potential politischen Wandels enstehen wird, das zu kontrollieren im Interesse Vieler liegen mag.

3. Zur politischen Entwicklung zwischen 1980 und 1990

Die folgende empirische Analyse von Wechselwählern bezieht sich auf die Bundestagswahlen 1983, 1987 und 1990. Einige politisch-systematische Gründe, neben solchen der Aktualität und der Forschungsökonomie, sind für diese Auswahl ausschlaggebend.

Die dreizehnjährigen sozial-liberalen Koalition endete 1982: die FDP wechselte zur CDU/CSU und schuf damit die Voraussetzung für die Wende, die durch die vorgezogene Bundestagswahl 1983 "bestätigt" wurde. Außer durch die Brisanz der steigenden Arbeitslosigkeit war diese Wahl vor allem durch das Unbehagen vieler Bürger (auch von Anhängern der CDU/CSU und FDP) an der Art und Weise gekennzeichnet, wie die Wende vollzogen wurde. In der SPD übernahm Jochen Vogel Parteivorsitz und Kanzlerkandidatur und trat gegen Helmut Kohl an, der zum ersten Mal Kanzler wurde.

Die Bundestagswahl 1987 hatte dann in "einem Sieg ohne Glanz" die Konsolidierung der Wende *(Forschungsgruppe Wahlen 1990)* und die Wiederwahl des amtierenden Kanzlers Kohl zur Folge. Johannes Rau kandidierte für das Kanzleramt mit der erklärten Absicht, keine Koalition mit den GRÜNEN eingehen zu wollen, was die Chancen der SPD nach allen Prognosen wesentlich verringerte. Der insgesamt eher "laue" Wahlkampf konzentrierte sich hauptsächlich auf wirtschafts- und beschäftigungspolitische Probleme. Darüber hinaus brachte der Reaktorunfall von Tschernobyl im Mai 1986 die stärkere Thematisierung der Umweltprobleme und vor allem der Nutzung von Kernenegie.

Wegen der (unerwarteten!) Wiedervereinigung Deutschlands kam es zur vorgezogenen Bundestagswahl 1990. Diese stand ganz im Zeichen des historischen Ereignisses und der Höhe der Kosten, die damit verbunden sein würden. Die konträren Positionen in dieser zentralen Frage verkörperten die beiden Kanzlerkandidaten. Der amtierende Kanzler und Spitzenkandidat seiner Partei Helmut Kohl vertrat die für Ost- und Westdeutschland optimistische Einschätzung der Bewältigung von Problemen und Kosten, während der Kanzlerkanidat der SPD Oskar Lafontaine dies sehr viel kritischer sah. Die absolute Mehrheit der Wähler gab dem "optimistischen" Regierungslager ihre Stimme.

Die politische Entwicklung zwischen 1980 und 1990 resümierend, soll folgendes für die weitere Diskussion festgehalten werden. Mit der Wahl 1983 ging eine zwanzigjährige Ära der Bundesrepublik zuende, in der sich das Drei-Parteien-System endgültig zu stabilisieren schien. Eine vierte Partei schien lange nur noch im rechten Spektrum denkbar: die Landtagserfolge der NPD Ende der sechziger

Jahre und die Diskussion über die bundesweite Ausdehnung der CSU 1976 machten dies deutlich *(Ute Kort-Krieger und Jörn. W. Mundt 1986, S. 123)*. Aber dann schafften DIE GRÜNEN 1983 den Sprung in den Bundestag von ziemlich weit links und haben sich 1987 behaupten können, was ihnen aber 1990 bei der ersten gesamtdeutschen Wahl mißlang. Das BÜNDNIS 90 / GRÜNE (Ost) und die PDS / LINKE LISTE übersprangen im Wahlgebiet Ost die 5%-Hürde und zogen in den Bundestag ein, so daß auch mit dem Scheitern der GRÜNEN (West) das Drei-Parteiensystem nicht wieder hergestellt wurde.

Die Erfolge der GRÜNEN (West) 1983 und 1987 beruhen sicher zum großen Teil darauf, daß es ihnen gelungen ist, Probleme wie Energiekrise und Umweltschutz, der Frauen-, Friedens- und Sozialpolitik als erste zu thematisieren und politikfähig zu machen *(Hans-Joachim Veen 1984)*. Die langfristige Bedeutung dieser Probleme für viele Bürger wurde offenbar von den etablierten Parteien zunächst nicht erkannt bzw. nicht ernst genommen. Inzwischen haben diese aber vieles von dem, was DIE GRÜNEN zuerst politisch artikulierten, übernommen: Umweltpolitik ist längst keine Domäne der GRÜNEN mehr. Dies und vor allem ihre Schwierigkeiten zu akzeptieren, wie sich die Wiedervereinigung - wohl auch nach dem Willen der meisten Wähler vollzog -, ließen sie 1990 an der 5%-Hürde knapp scheitern. Aber nach allen bisherigen Erkenntnissen über die "Etablierung" der GRÜNEN im Bewußtsein der Wählerschaft und damit im Parteiensystem der Bundesrepublik haben DIE GRÜNEN (nur) eine Wahl verloren *(Dieter Roth 1991, S. 147)*.

Das Ende des Drei-Parteiensystems im Bundestag, neue politische Probleme und Konflikte und 1990 die Wiedervereinigung veränderten seit Beginn der achtziger Jahre die politische Landschaft in der Bundesrepublik wesentlich. Diesen Veränderungen soll in einigen Bereichen nachgespürt und - angesichts des Endes der "Bonner" Republik - auch versucht werden, eine Art Bilanz zu ziehen.

Was die Wiedervereinigung am 3. Oktober 1990 langfristig für das politische Selbstverständnis der Bürger und Wähler der beiden ehemaligen Teilrepubliken bedeutet, ist derzeit kaum abzusehen. Ebenso wenig kann eingeschätzt werden, in welcher Weise und in welchem Ausmaß die seither (auch in Landtagswahlen) erkennbar gewordene Unterstüzung rechtsradikaler Parteien die politische Landschaft des vereinten Deutschlands beeinflussen wird. Auf jeden Fall aber sind die Rahmenbedingungen, unter denen Politik im vereinten Deutschland stattfindet, in wichtigen Dimensionen für beide Teile andere geworden. In welcher Weise sich dies im politschen Alltag, zu dem auch das Wählen gehört, niederschlägt, wird sicher eine der meist gestellten Fragen bei künftigen Wahlen sein.

4. Wer ist ein Wechselwähler und wieviele gibt es?

Schätzungen, wieviele Wechselwähler es nun tatsächlich gibt, variieren stark und schon deshalb, weil unter "Wechselwähler" sehr Unterschiedliches verstanden werden kann. In einer repräsentativen Studie für die SPD wurde als Wechselwähler definiert, wer sich vorstellen kann, auch mal eine andere Partei zu wählen: 21% der Befragten zählten sich 1984 dazu *(Vorstand der SPD 1984, S. 8)*. Das Godesberger Institut für angewandte Sozialforschung (INFAS) ermittelte mit seinen Wählerwanderungsanalysen (auf deren Methode später noch eingegangen wird) anläßlich der Bundestagswahlen 1983 22% und 1987 28% der Wahlberechtigten, die andere Parteien wählten als vier Jahre zuvor *(Ursula Feist und Klaus Liepelt 1987, S. 281)*.

Auf welcher Definition die von *Peter Gluchowski (1987, S. 18)* gefundenen 44% Wechselwähler bei der Bundestagswahl 1987 beruhen, war - auch nach wiederholten Versuchen - nicht zu erfahren. Dieser Anteil scheint nach allen bisherigen Erkenntnissen abenteuerlich hoch. Wichtig sind aber solche expliziten Definitionen, denn politischer Wechsel ist (auch!) bei Wählern auf vielfältige Art möglich. Deshalb kann es *den* Wechselwähler bzw. eine verbindliche Definition dafür auch nicht geben. Es hängt vielmehr vom jeweiligen politischen und/oder wissenschaftlichen Interesse ab, welches Wechselverhalten zur Debatte steht. *Max Kaase (1967, S. 86ff)* unterschied Wechselwähler nach Kriterien des

- *"effektiven Wechsels"*: Wahl verschiedener Parteien bei zwei aufeinander folgenden Wahlen, des
- *"intendierten Wechsels"*: Veränderung von Wahlabsichten im Zeitverlauf vor einer Wahl; und des
- *"Wechsels politischer Sympathien"* im Zeitverlauf vor einer Wahl.

Geht es um Machtwechsel, interessieren die *"effektiven Wechsler" bzw. "Parteiwechsler"*, die bisherige Stimmenanteile für Regierungs- und Oppositionsparteien so verändern könnten, daß Machtwechsel die Folge sein kann. Das Spektrum möglichen Wechselwählens erweitert sich aber beträchtlich, werden neben den Wahlen zum Bundestag, von denen bisher nur die Rede war, auch die zu Landtagen und Kommunalparlamenten einbezogen und/oder Wechselwählen über längere Zeiträume als nur zwei Wahlen betrachtet.

Aber nicht nur auf der jeweiligen Bundes-, Landes- oder Kommunalebene wechseln Wähler (u. U. auch häufiger) ihre politischen Präferenzen. Es gibt auch politisch sicher sehr interessante Wähler, die bei Bundestagswahlen andere Parteien wählen als bei Landtags- und/oder Kommunalwahlen. Die Matrix möglichen Wechselwählens hat also sehr viele Dimensionen. Hinzu kommen noch auf der kommunalen Ebene zahlreiche Parteien und Gruppen, die nur dort zur Wahl stehen. Damit erweitert sich diese Matrix der politischen (Wahl-)Möglichkeiten auf und zwischen den drei Wahlebenen bereits für nur zwei Wahlzeitpunkte beeindruckend und über längere Zeitperioden entsprechend!

Empirisch, d. h. über Befragungsdaten, ist diese Matrix des Wechselwählens aber nicht zu rekonstruieren. Auf die methodischen Probleme, die bereits bei zwei aufeinander folgenden Wahlen entstehen, wird gleich noch eingegangen. Kommen wir vorher noch einmal zurück auf die sich immer dringlicher stellende Frage nach der präzisen Größe (und vor allem deren Prognostizierbarkeit) dieser Wählergruppe: sie kann bis heute aus verschiedenen Gründen nicht befriedigend beantwortet werden. Die amtliche Statistik kann hier nicht weiterhelfen, weil sie Wahldaten nur für Aggregate, also Stimmbezirke und Wahlkreise, erfaßt. Auf dieser Aggregatebene können Verschiebungen der Stimmenverteilung zwischen den Parteien festgestellt werden, aber nicht, welche Individuen sich zwischen welchen Parteien anders als bei der vorherigen Wahl entschieden haben. Dazu muß man die Wähler individuell befragen. Dies wird auch ständig und an vielen Stellen getan, und diese Analyse arbeitet mit den Daten solcher Wähler-Umfragen.[1] Folgende (für die wahlberechtigte Bevölkerung der Bundesrepublik repräsentative) Umfragen der Forschungsgruppe Wahlen e.V. Mannheim zu den Bundestagswahlen 1983, 1987 und 1990 wurden für die vorliegende Analyse von Wechselwählern verwendet:

Bundestagswahl 1983 *(ZA-Nr.1276) 3-Wellen-Panel: 1. Welle, Anzahl der Befragten: 1622, Befragungszeitraum: 18.11.- 25.11.82, Wahl: 6.3.83*
Bundestagswahl 1987 *(ZA-Nr.1537) 3-Wellen-Panel: 1. Welle, Anzahl der Befragten: 1954, Befragungszeitraum: 11.9. - 29.9.86, Wahl: 25.1.1987*
Bundestagswahl 1990 *(ZA-Nr.1919) 4-Wellen-Panel, 3. Welle, Anzahl der Befragten: 1451, Befragungszeitraum: Okt./Nov.1990, Wahl: 3.12.1990*

Wichtig für die Interpretation der Daten ist, daß die Umfrage zur Bundestagswahl 1990 nur in der alten Bundesrepublik ("Wahlgebiet West") gemacht wurde. Die erste Befragung dieses 3-Wellen-Panels wurde im November/Dezember 1989 durchgeführt, als von einer gesamtdeutschen Bundestagswahl im Dezember 1990 noch nicht die Rede war! Aber die Wähler des "Wahlgebietes Ost", die ja 1990 zum ersten Mal an einer Bundestagswahl teilnahmen, können in eine Analyse von Wechselwählern auch erst nach der nächsten Bundestagswahl 1994 einbezogen werden.

Tabelle 1 gibt die Entwicklung der Anteile von Stamm-, Wechsel- und Erstwählern in den Bundestagswahlen seit 1961 wieder, wie sie mit Daten aus den Vorwahluntersuchungen berechnet wurden. *"Wechselwähler"* sind jetzt diejenigen, die z. B. bei der Befragung vor der Bundestagswahl 1983 angaben, bei der vorherigen Bundestagswahl 1980 eine andere Partei gewählt zu haben als diejenige, die

---

1 Die Daten, die in diesem Buch verwendet werden, stammen aus Vorwahlumfragen zu den Bundestagswahlen 1961 bis 1990, in denen vergleichbar uns interessierende Meinungen und Einstellungen erfragt wurden. Seit 1976 von der Forschungsgruppe Wahlen e.V. Mannheim (FGW) durchgeführt, wurden die Daten dieser Umfragen vom ZENTRALARCHIV FÜR SOZIALWISSSENSCHAFTEN, Universität zu Köln (ZA) aufbereitet, dokumentiert und zur Verfügung gestellt. Nähere Angaben zu den Umfragen und Primärforschern sind im Anhang aufgeführt.

sie bei der bevorstehenden Wahl 1983 wählen wollen. Unter *"Wechselwähler"* werden also *"effektive Wechsler"* bzw. *"Parteiwechsler"* verstanden, unter *"Stammwähler"* solche, die bei zwei aufeinander folgenden Wahlen dieselbe Partei wählen wollen. *"Erstwähler"* sind aufgrund ihres Alters bei der bevorstehenden Wahl zum ersten Mal wahlberechtigt.

Tabelle 1: **Stamm-, Wechsel- und Erstwähler in Vorwahlumfragen zu den Bundestagswahlen 1961 - 1990**

Jahr	Stammwähler		Wechselwähler		Summe		Erstwähler	Keine Angabe	Alle
	abs.	%	abs.	%	abs.	%	abs.	abs.	abs.
1961	939	90.3	101	***9.7***	1040	100	133	506	1679
1965	664	85.6	144	***11.2***	776	100	106	529	1411
1969	1022	91.5	95	***8.5***	1117	100	62	766	1945
1972	1316	87.3	191	***12.7***	1507	100	132	413	2052
1976	1330	87.6	188	***12.4***	1518	100	129	429	2076
1980	1052	91.0	104	***9.0***	1156	100	82	370	1620
1983	1125	84.1	212	***15.9***	1337	100	125	203	1622
1987	1414	88.2	189	***11.8***	1603	100	125	226	1954
1990	1143	89.0	141	***11.0***	1284	100	30	137	1451

In Vorwahl-Untersuchungen dieser Art wird der *tatsächliche* Anteil der Wechselwähler jedoch systematisch unterschätzt und zwar aus zwei Gründen. Der erste: um Stamm- und Wechselwähler (wie in Tab. 1) identifizieren zu können, müssen von den Befragten *zwei* Angaben vorliegen: welche Partei sie bei der vorhergehenden Wahl wählten *und* bei der bevorstehenden Wahl wählen wollen.[2] Das Fehlen einer oder beider Angaben kann verschiedene Ursachen haben, führt aber immer dazu, daß solche Fälle zur Gruppe "ohne Angaben" gezählt werden müssen. Nur die Erstwähler nicht: sie waren jeweils zum ersten Mal wahlberechtigt, können also weder Stamm- noch Wechselwähler sein. Zur großen Gruppe "keine Angabe" [3] gehören

2 Wortlaut der Fragen:
-*"Wenn am nächsten Sonntag Bundestagswahlen wären, welche Partei würden Sie dann wählen?"*
-*"Wie war das eigentlich bei der Bundestagswahl (1980 bzw. 1983 bzw 1987): welcher Partei haben Sie damals Ihre Stimme gegeben?"*
Aus der Kombination der Antworten haben wir folgende Gruppen konstruiert:
-*"Stammwähler"* = Wahl derselben Partei bei beiden Wahlen
-*"Wechselwähler"* = Wahl verschiedener Parteien
-*"Erstwähler"* = bei der vorherigen Wahl noch nicht wahlberechtigt

3 Zu ihr gehören 1983 bis 1990 zwischen 9% und 12% aller Befragten. Deshalb rechnen wir alle Analysen mit (bezügliche der Repräsentativität) ungewichteten Daten, da die Ausfälle durch "keine Angabe" zu groß und in ihrer Zusammensetzung nicht zu kontrollieren sind.

demnach "Nichtwähler", die bei einer oder beiden Wahlen nicht wählten und alle anderen, die - aus welchen Gründen auch immer - auf eine oder beide Fragen nach ihrer Wahlentscheidung nicht antworteten. Es ist zu vermuten, daß in dieser letzten Gruppe durchaus noch Wechselwähler enthalten sind, nur sind sie nicht zu identifizieren. Die Zahl der so zu ermittelnden Wechselwähler ist also mit Sicherheit kleiner als in der Realität. Zum zweiten kommt noch ein weiterer, die Zahl der zu ermittelnden Wechselwähler reduzierender Umstand hinzu: der sog. "recall-effect".

> *"Wie Panel-Befragungen zeigen, ist die Rückerinnerungsfrage bei Parteiwechslern nicht sehr stabil. Bei (ihnen) besteht eine Tendenz dazu, die alte Wahlentscheidung der aktuellen anzugleichen. Der Wechsel wird deshalb bei Umfragen in der Regel eher unterschätzt." (Manfred Berger u.a. 1983, S. 52)*

Die einzige Methode also, mit der "individuelle" (d. h. keine "aggregierten") Wechselwähler ermittelt werden können, erlaubt keine gesicherten Aussagen über die tatsächliche Größe dieser Gruppe und natürlich auch nicht über u. U. wachsende Anteile in der Gesamtwählerschaft. Ein Teil dieser Wähler gibt diese Informationen (aus unbekannten Gründen) nicht. Ein anderer Teil verspürt möglicherweise Dissonanzen und versucht, sie in Befragungen durch angeglichene Informationen zu reduzieren. Abbildung 2 zeigt grafisch die Anteile der Stamm- und identifizierbaren Wechselwähler aus Tab. 1, die uns für unsere Analyse bleiben.

Abbildung 2

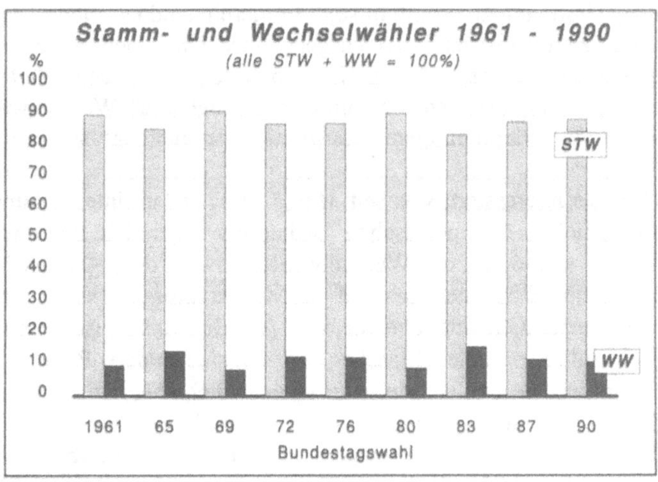

Sehr deutlich zeigt die Abb. 2, daß sich kein Anwachsen der Gruppe *dieser* Wechselwähler feststellen läßt. Die Anteile schwanken zwischen 1961 und 1990 ziemlich unregelmäßig zwischen 8% und 16%, absolut zwischen etwa 100 und 200 Befragten.

In diesem Zusammenhang wollen wir noch einmal kurz auf die Wählerwanderungsanalysen von INFAS eingehen, mit denen seit langem versucht wird, Wechselwähleranteile zu erfassen. Hierbei werden (aggregierte) Wahlergebnisse und repräsentative (individuelle) Befragungsergebnisse zu Strömen von Wählerwanderungen zwischen den Parteien kombiniert. Die Aussagefähigkeit dieser Analysen unterliegt damit auch den Einschränkungen, die für alle repräsentativ gewonnenen Daten gelten. Die lang geführte Kontroverse über die methodischen Voraussetzungen der Wählerwanderungsanalyse soll hier nicht wiederholt werden *(vgl. Peter Hoschka und Werner Schunck 1982)*. Nur zur Öffentlichkeitswirkung dieser Analysen einige Überlegungen. Die Wählerstromanalysen führt INFAS im Auftrag der ARD durch und präsentiert sie mediengerecht in einer Weise,

> *"die in grafischer und numerischer Form scheinbar höchst exakt die Wählerwanderungen zwischen den verschiedenen politischen Lagern zu rekonstruieren versucht" (Jürgen W. Falter und Siegfried Schumann 1989, S. 8)*

Informationen über Voraussetzungen und Begrenzungen dieser Analysen gehen bei der suggerierten Exaktheit der Analysen unter, wenn sie von einem (großen!) Laien-Publikum überhaupt nachvollzogen werden können. Letzeres gilt allerdings auch für die Präsentation anderer Methoden, wie z. B. Hochrechnungen.

Wir beschränken uns im Folgenden also auf die wenigen Wechselwähler, die in "individuellen" Umfragen zu ermitteln sind. Immerhin sind es solche, die zu ihrem Wechsel stehen: sich selbst und anderen gegenüber. Unter den erwähnten methodischen Vorbehalten, daß es mit Sicherheit noch mehr und auch möglicherweise (ganz) andere gibt, interessieren hier diese "selbstsicheren" Wechselwähler, ihre politischen Motive, Orientierungen und Urteile wie auch ihr sozialstrukturelles Profil.

Und noch eines interessiert, was seit *Max Kaases* erster Untersuchung 1967 in der wissenschaftlichen und politischen Diskussion eigentlich nicht mehr recht aufgetaucht ist. Er stellte fest, daß Wechselwähler, sowohl demographisch wie auch aufgrund ihres politischen Interesses und der Motive ihres Wechsels, nicht als homogene Gruppe anzusehen sind *(ebenda, S. 112ff)*. Gemeinsam ist diesen Wechselwählern ja eigentlich nur die Tatsache, *daß* sie eine andere Partei als bei der vorherigen Wahl wählen wollen. Sie unterscheiden sich aber natürlich danach, *woher* sie politisch kommen, und *wohin* sie gehen. Diese Unterschiede bilden sich - so die Erwartung - im politischen und sozialen Profil dieser Gruppe ab.

Daß Wechselwähler bisher kaum und dann auch nur als weitgehend homogene Gruppe im Vergleich zu Stammwählern betrachtet wurden, hat zumindest einen offensichtlichen methodischen Grund: die kleine Zahl der zu ermittelnden Wechselwähler in repräsentativen Erhebungen. Wie bereits erwähnt (vgl. Tab. 1 und Abb. 2) schwankt seit der Bundestagswahl 1961 der Anteil der Wechselwähler (in den Vorwahl-Stichproben) zwischen etwa 8% und 16%, absolut zwischen 100 und 200 Befragten. Unterteilt man diese jetzt noch nach ihrer politischen Herkunft oder auch nach der Richtung ihres Wechsels, so wird es ziemlich "eng", insbesondere bei den kleinen Parteien FDP und DIE GRÜNEN. Parteien mit relativ wenigen Wählern in der realen Wahlbevölkerung schlagen sich natürlich auch in repräsentativen Stichproben (zwischen 1500 und 2000 Befragten) mit entsprechend geringen relativen und absoluten Anteilen nieder.

Tabelle 2 zeigt die Verteilung der Stamm- und Wechselwähler auf die Parteien. Dabei werden Wechselwähler durch die Partei bezeichnet, von der sie sich (zwischen zwei Wahlen) *abgewendet* haben, egal wohin: "CDU/CSU-Wechselwähler von 1983" beispielsweise wählten 1980 CDU/CSU, 1983 wollen sie eine andere Partei wählen.

Tabelle 2: **Stamm- und Wechselwähler der Parteien (Vorwahlumfragen 1983, 1987 und 1990)**

Wähler	**BTW 1983**		**BTW 1987**		**BTW 1990**	
	abs.	%	abs.	%	abs.	%
CDU/CSU-STW	507	37.9	660	42.2	490	37.5
SPD-STW	575	43.0	628	39.2	531	40.7
FDP-STW	***23***	1.7	45	2.8	56	4.3
GRÜNE-STW	17	1.3	74	4.6	59	4.5
andere STW	3	0.2	7	0.4	7	0.5
alle STW	1125	84.1	1414	89.1	1143	89.0
CDU/CSU-WW	***25***	1.9	75	4.7	35	2.7
SPD-WW	***109***	***8.2***	78	4.9	55	4.3
FDP-WW	***67***	5.0	17	1.1	20	1.6
GRÜNE-WW	9	0.7	17	1.1	24	1.9
andere WW	2	0.1	2	0.1	7	0.5
alle WW	212	15.9	189	11.9	141	11.0
insgesamt	1337	100	1603	100	1284	100

Deutlich zeigt Tab. 2 das Problem der "kleinen Zahl" der Wechselwähler bei den GRÜNEN und der FDP, aber nicht immer sind die Zahlen gering.

Zur Wahl 1983, nach der von ihr 1982 ausgelösten "Wende" - hatte die FDP (in der Vorwahl-Stichprobe!) fast dreimal soviel Wechsel- (67) wie Stammwähler (23). Bei der CDU/CSU waren es 1983 hingegen sehr wenige: nur 25 hatten vor, eine andere Partei zu wählen. Über die Hälfte aller Wechselwähler (109) kamen aber von der SPD, der "Verliererin der Wende".

Aber unbestritten existiert das Problem der kleinen Zahl. Es setzte bereits *Max Kaases* Analysen Grenzen. Da sich - leider - seine 1967 *(S. 90)* geäußerte Hoffnung auf eine *"Erweiterung der Sample-Größe bei einer zukünftigen Untersuchung"* bisher(!) nicht erfüllt hat, verhindert diese kleine Zahl immer noch ausführliche und repräsentative Untersuchungen über Wechselwähler.

Dennoch soll im Rahmen der Bundestagswahlen 1983, 1987 und 1990 versucht werden - mit deskriptiven methodischen Mitteln -, den Wechselwählern auf die Spur zu kommen. Diese Spur scheint uns vielversprechend zu sein, sowohl im Vergleich mit Stammwählern, aber auch in den Differenzierungen des politischen und sozialen Profils innerhalb der Gruppe der Wechselwähler. Damit gehen wir der Vermutung nach, daß es *den* Wechselwähler ebensowenig gibt wie *den* Stammwähler.

Um auf die seit langem gestellten Fragen über die Wechselwähler zurückzukommen: *Wieviele* sie sind oder sein werden, kann nicht (genau genug) beantwortet bzw. prognostiziert werden. *"The race for the best prediction" (Hilde Himmelweit 1981, S. 6)* kann in diesem Fall gar nicht stattfinden. Auf die Fragen, *wer* sie sind und *ob sie wissen, was sie tun,* werden wir Antworten suchen. Aufgrund der Datenlage und der geschilderten methodischen Probleme können diese Antworten nur tentativen und nicht repräsentativen Charakter haben. Dies wird sicher Kritik provozieren, aber vielleicht auch - so die Hoffnung - weiteres Nachdenken und Forschen über diese Wählergruppe. Dabei kann die Vermutung über ihre zunehmende Größe und das daran geknüpfte (vitale) Interesse von Politikern an mehr und präziseren quantitativen Informationen über Wechselwähler nur hilfreich sein.

5. Woher kommen und wohin gehen die Wechselwähler - politisch?

Der erste Schritt, Wechselwähler nach ihrem politischen und sozialen Profil zu differenzieren, besteht in der Frage nach ihrer politischen Herkunft. Um es noch einmal zu wiederholen: Wechselwähler werden durch die Partei bezeichnet, von der sie sich *abgewendet* haben, egal wohin. Die folgende Abbildung 3 zeigt die Wechselwähler in ihrer parteipolitischen Zusammensetzung bzw. "Herkunft" seit 1961. Unterhalb der Grafik sind die Zeiträume der verschiedenen Koalitionen eingetragen. Es fehlt nur die zweijährige Große Koalition aus CDU/CSU und SPD, die von 1967 bis 1969 dauerte.

Abbildung 3

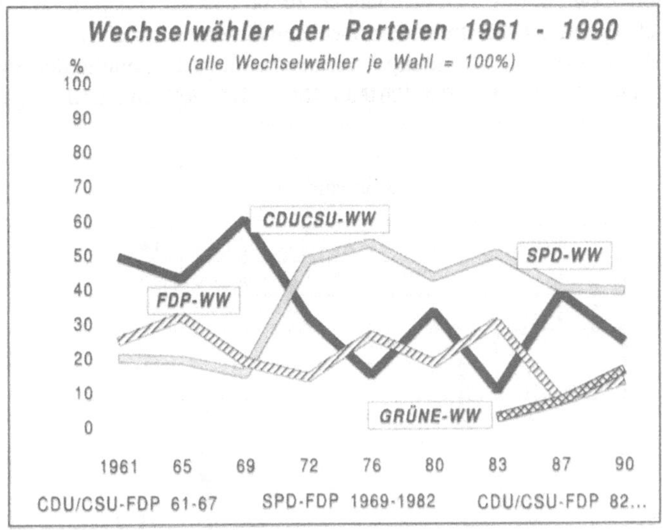

Bis 1969, d. h. bevor die SPD zum ersten Mal die Regierung verantwortlich übernahm (sieht man von dem kurzen Zwischenspiel der Großen Koaltion ab), hatte sie mit etwa 20% den geringsten Anteil unter allen Wechselwählern. Seit 1972 aber ist es genau umgekehrt: etwa die Hälfte aller Wechselwähler kommen von der SPD. Seit der Wende 1982 ist dieser Anteil zwar gesunken, aber nicht sehr. Ob die SPD die Regierung oder die Opposition bildet, spielt inzwischen für die Wähler, die sich von ihr abwenden wollen, kaum eine Rolle. Es deutet sich hier erstmals an, daß diese Wähler offenbar mehr die Politik als die Machtverteilung interessiert.

Die CDU/CSU hat es da einfacher mit ihren Wechselwählern. Relativ viele hatte sie nur 1980 mit 30% und 1987 mit etwa 40% von allen. 1980 kandidierte Franz Josef Strauß für das Kanzleramt. Seine Kandidatur war auch in der eigenen Koalition - und wohl auch bei den Wählern aus diesem Lager - umstritten. 1987 wurde die CDU/CSU in *"einem Sieg ohne Glanz" (Forschungsgruppe Wahlen e.V. 1990, S. 689)* mit 44,3% zwar noch stärkste Partei; es war aber ihr niedrigstes Wahlergebnis seit 1949. Dies schlägt sich auch in dem vergleichsweise hohen Anteil (40%) ehemaliger CDU/CSU-Wählern unter den Wechselwählern von 1987 nieder.

Relativ viele Wechselwähler (bis zu einem Drittel 1965 und 1983) kommen aber immer von der FDP! FDP-Stammwähler machen dagegen nur zwischen 2% (1983) und 8% (1976) aller Stammwähler aus, Wechselwähler spielen bei der FDP also eine vergleichsweise große Rolle. Parallelen zu der ebenfalls großen Rolle dieser kleinen Partei bei Regierungsbildungen liegen nahe. Seit 1961 war die FDP (mit der kurzen Unterbrechung der Großen Koalition) an allen Regierungen mit zweimaligem Seitenwechsel beteiligt. Dies erschwert möglicherweise längerfristige Identifikation bzw. nötigt FDP-Anhänger zu politischer Flexibilität. Auch DIE GRÜNEN stellen seit 1983 unter den Wechselwählern deutlich höhere Anteile als unter den Stammwählern. Abbildung 4 veranschaulicht die Anteile der Stamm- und Wechselwähler der verschiedenen Parteien für die drei letzten Bundestagswahlen.

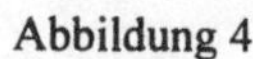

Abbildung 4

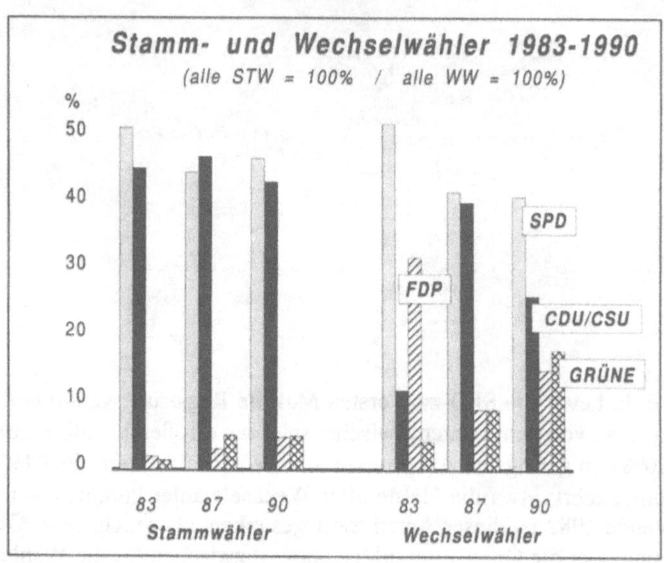

GRÜNE Wechsel- und Stammwähler gibt es erst seit 1983, da DIE GRÜNEN erstmals 1980 in einer Bundestagswahl antraten. Ihr Anteil unter den Wechselwählern hat sich seitdem stetig erhöht: 1990 machten sie fast 20% aller Wechselwähler aus.

Die politische Herkunft der Wechselwähler ist also - das zeigt Abb. 4 deutlich - parteipolitisch "ausgeglichener" als bei den Stammwählern, aber keineswegs homogen. In allen drei Wahljahren kommt zwar die Mehrheit der Wechselwähler von der SPD, aber auch die kleinen Parteien FDP und DIE GRÜNEN spielen bei der "Produktion" von Wechselwählern eine große Rolle: immer wechseln relativ viele ihrer (wenigen) Wähler zu anderen Parteien! Darüber hinaus ist wichtig, daß es bei den drei Wahlen jeweils eine andere parteipolitische Zusammensetzung der Wechselwählerschaft gibt. 1983 machen die von der FDP ein Drittel aller Wechselwähler aus. Dieser relativ hohe Anteil weist darauf hin, daß der die "Wende" auslösende Koalitionswechsel der FDP zur CDU/CSU 1982 auch innerhalb der

FDP umstritten war. Selbst die *Stammwähler* der FDP zweifelten: immerhin war ein Viertel von ihnen nicht mit dem Wechsel einverstanden, bei den Stammwählern der CDU/CSU sogar ein Drittel.[4] Bei der CDU/CSU führte die Kritik verhältnismäßig vieler Wähler an der Wende bzw. an der Art, wie sie herbeigeführt worden war, aber nicht dazu, daß sich auch besonders viele Wähler von der ihr abwandten. Ganz im Gegenteil: es gab mit dem Anteil von 12% noch niemals *so wenige* Wechselwähler aus der CDU/CSU wie 1983, als man sich die Wende bestätigen ließ. Der Machterhalt war offenbar vielen CDU/CSU-Anhängern wichtiger, trotz eines relativ weit verbreiteten Unbehagens an dem bereits vollzogenen Wechsel.

Bei der SPD ist 1983 keineswegs irgendein Mitleids- bzw. "underdog"-Effekt" festzustellen, im Gegenteil stellte sie 1983 sogar die absolute Mehrheit der Wechselwähler, d. h. dem Verlierer von 1982 liefen 1983 besonders viele Wähler davon. 1987 waren es zwar weniger, aber immer noch der relativ stärksten Anteil (42%) unter den Wechselwählern. Anders bei der CDU/CSU: ihr liefen (mit 40% Anteil an allen Wechselwählern) gut dreimal so viele Wähler davon wie 1983 (12%). Auf das generell schlechte Wahlergebnis für die CDU/CSU 1987 wurde schon hingewiesen. Möglicherweise lieferte die CDU/CSU nach vier Jahren als Regierungspartei wieder genügend Gründe, auch einmal eine andere Partei zu wählen. Den umgekehrten Effekt haben wir bei ihrem Koalitionspartner FDP festgestellt. 1983 verließen viele Wähler die FDP, weil sie mit der Wende nicht einverstanden waren: 32% aller Wechselwähler kamen von der FDP (aber nur 12% von der CDU/CSU). 1987 hatten sich offenbar nur sehr wenige mit dieser Politik *nicht* arrangiert: nur 9% der Wechselwähler kamen von der FDP (dafür aber 40% von der CDU/CSU!). 1990 sah es wieder anders aus: zwar kamen wieder die meisten Wechselwähler von der SPD, die Anteile von den anderen Parteien aber unterschieden sich nicht mehr sehr stark: das bisher "ausgeglichenste" parteipolitische Bild der Wechselwählerschaft.

Für die weitere Analyse bleibt festzuhalten, daß Wechselwähler zu keinem Zeitpunkt als politisch homogene Gruppe zu betrachten sind. Ihre parteipolitische Zusammensetzung unterliegt deutlich Einflüssen der aktuellen politischen Situation.

---

4 Wortlaut der Frage:
"Im Oktober ist die SPD/FDP-Regierung durch eine neue Regierung von CDU/CSU und FDP abgelöst worden. Sind Sie mit der Art und Weise, in der das vor sich ging, einverstanden, oder sind Sie damit nicht einverstanden?"

Nachdem jetzt ein erstes Bild darüber vorliegt, woher die Wechselwähler politisch kommen, interessiert als nächstes, wohin sie gehen. Dazu wurde die sog. "Sonntagsfrage" gestellt: *"Wenn am nächsten Sonntag Bundestagswahlen wären, welche Partei würden Sie dann wählen?"* Die Abbildungen 5 bis 8 verdeutlichen die "Stimmenverhältnisse" der Wechselwähler der vier Parteien. Gemeinsam ist ihnen, daß sich über die Hälfte in allen Jahren einer der beiden großen Parteien zuwenden und 1990 ein eindeutiger "Rechtsruck" festzustellen ist, nur nicht bei den GRÜNEN-Wechselwählern.

Zunächst zeigt Abbildung 5, daß sich 1983 und 1987 die Mehrheit der *SPD-Wechselwähler* für die CDU/CSU entschieden, dann folgten DIE GRÜNEN. Der Rechtsruck von 1990 bedeutet, daß die FDP an die zweite Stelle trat: 65% wollten CDU/CSU, 20% FDP und nur noch 15% DIE GRÜNEN wählen.

Abbildung 5

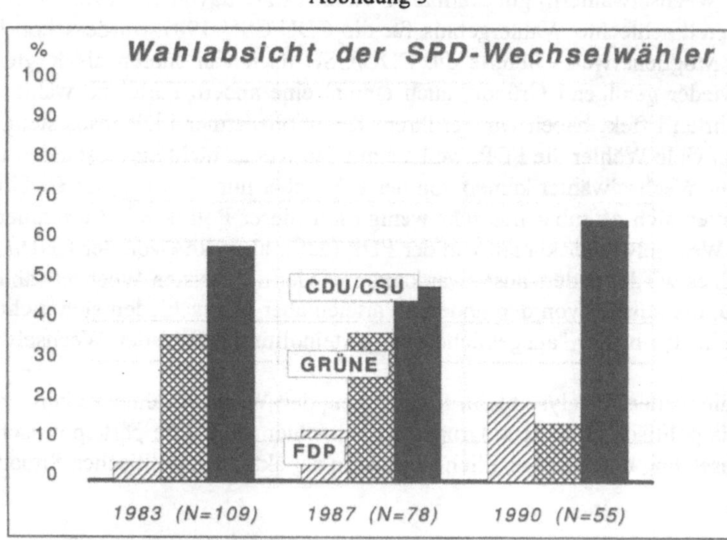

Unter den *CDU/CSU-Wechselwählern* gab es ebenfalls einen Rechtsruck: auch bei ihnen stieg die die Absicht, FDP zu wählen, stark an, wie die folgende Abbildung 6 zeigt.

Abbildung 6

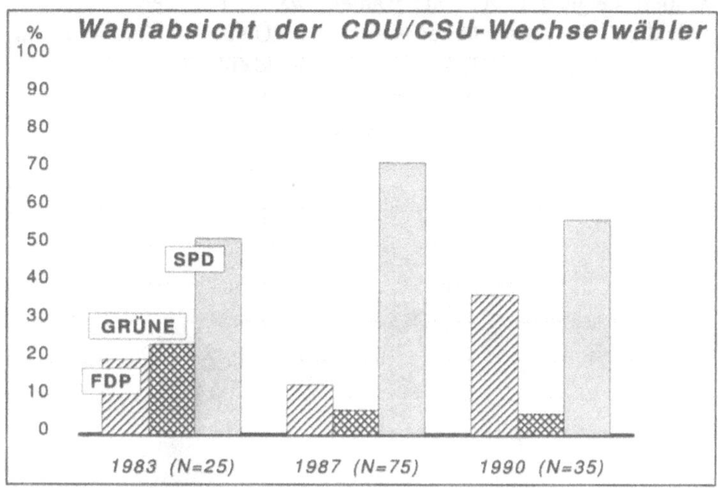

Von den *GRÜNEN-Wechselwählern* votierten 1983 immerhin knapp die Häfte für FDP und CDU/CSU; seit 1987 ziehen aber etwa drei Viertel die SPD vor, wie Abbildung 7 zeigt.

Abbildung 7

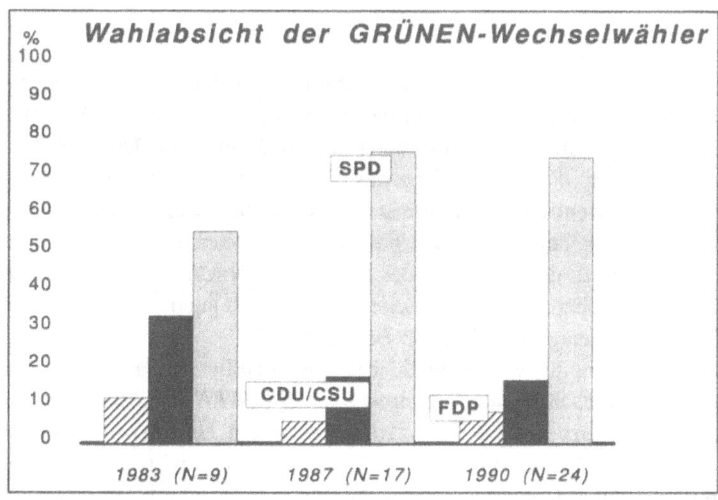

Am deutlichsten zeigt sich der Rechtsruck von 1990 bei den *FDP-Wechselwählern:* zu 75% wollen sie jetzt CDU/CSU wählen, während in den Jahren zuvor ihre Präferenz für die SPD immer stärker war. DIE GRÜNEN spielen bei ihnen nahezu keine Rolle: ein wenig nur 1983, als sich 12% für sie entschieden.

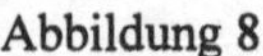
Abbildung 8

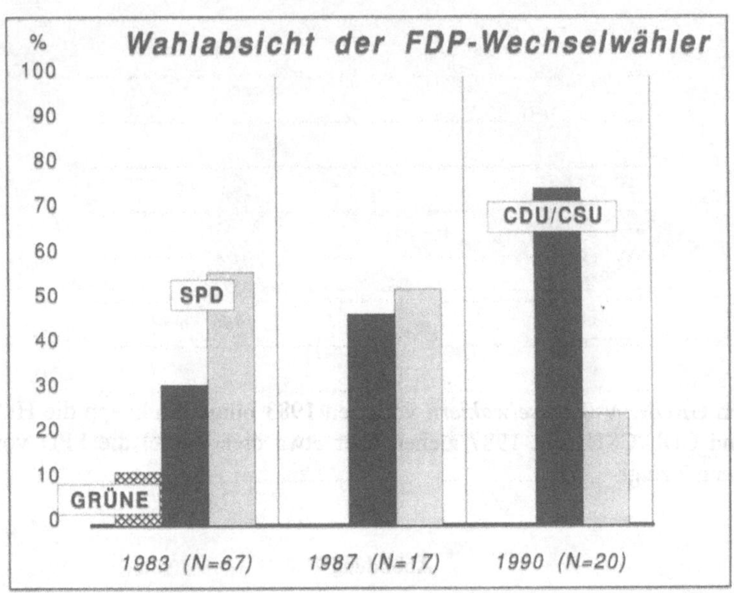

Wichtig ist also festzuhalten, daß die Wechselwähler der einzelnen Parteien auch zu verschiedenen (Wahl-)Zeitpunkten weder nach ihrer politischen Herkunft, noch in ihrer zukünftigen politischen Orientierung homogen sind. Dies wird wohl am deutlichsten bei den *Wechselwählern der SPD*. Sich von der SPD zu entfernen, kann sowohl die Orientierung (der meisten) nach rechts, aber auch vieler nach links bzw. grün bedeuten: beide Pole des politischen Parteienspektrums sind in dieser Gruppe vorhanden. In der Präferenz der *FDP-Wechselwählern* dominierte zwar bis 1987 die SPD, aber beträchtliche Anteile wandten sich auch der CDU/CSU zu, nur DIE GRÜNEN kamen praktisch nie in Betracht.

Gemeinsam haben die Wechselwähler aus den etablierten Parteien, daß sie 1990 weit und eindeutig nach rechts rücken, was die *GRÜNEN-Wechselwähler* mit ihrer wachsenden Präferenz für die SPD (auf sehr hohem Niveau) und sinkender für CDU/CSU oder FDP nicht tun. GRÜNE-Wechselwähler sind (fast) nur für die SPD zu haben und damit am wenigsten offen für andere politische Richtungen

Welche politischen Motivationen und Kalküle stehen hinter diesem unterschiedlichen Wechselverhalten? Dazu werden jetzt etwas genauer die politischen Standorte, Neigungen und Sympathien der Wechselwähler aus den verschiedenen Parteien analysiert.

6. Politische Neigungen und Sympathien

In diesem Zusammenhang interessieren die langfristigen politischen Orientierungen und auch affektiv-emotional begründeten Neigungen von Wechselwählern. Diese werden im Rahmen familialer, sozialer und regionaler Herkunftsmilieus erworben, zu denen Erfahrungen und Einflüsse aus Freundes- und Bekanntenkreisen, in Ausbildung und Beruf und anderen öffentlichen und privaten Bereichen kommen.

Wie im Kapitel 2 dargelegt, führte der soziale Wandel in den letzten zwanzig Jahren auch dazu, daß es wachsende Bevölkerungsanteile gibt (wie die Neuen Mittelschichten), die den Einflüssen ihrer sozialen und politischen Herkunft immer weniger unterliegen. Vermutet wird, daß dies auch für die (wachsende) Gruppe der Wechselwähler gilt. Bei ihnen kann sich eine solche Entwicklung darin zeigen, daß sich die durch Tradition erworbenen parteipolitischen Neigungen und Sympathien nicht notwendigerweise in der aktuellen Wahlentscheidung widerspiegeln. Solche Wähler entscheiden sich u. U. nicht unbedingt für die Partei, der sie sich eigentlich verbunden fühlen.[5] Aufgrund aktueller politischer Erwägungen halten sie möglicherweise eine andere Partei für fähiger und wählen diese auch. Inwieweit ist dies bei Wechselwählern zwischen 1983 und 1990 festzustellen?

Bei den *Stammwählern* aller Parteien gibt es solche Diskrepanzen zwischen politischer Neigung und Wahl-Handeln nahezu nicht: immer wählen zwischen 70% und 90% die Partei, der sie sich auch sonst verbunden fühlen. Die übrigen 10% bis 30% Stammwähler haben *keine* langfristigen politischen Neigungen dieser Art. Damit unterscheiden sich die Parteien mit traditionell großen und kleinen Stammwählerschaften nicht sehr in der Fähigkeit, politische Neigungen auch langfristig zu binden.

Deutlich anders sieht es bei den *Wechselwählern* aus. Zunächst einmal geben mehr als doppelt so viele Wechsel- wie Stammwähler an, *keine Parteineigung* zu haben. 1990 sind es sogar viermal soviele: knapp 10% aller Stamm-, aber fast 40% aller Wechselwähler fühlen sich keiner Partei langfristig verbunden, wie Tabelle 3 zeigt.

---

5 Wortlaut der Frage:
"Viele Leute in der Bundesrepublik neigen längere Zeit einer bestimmten politischen Partei zu, obwohl sie auch ab und zu eine andere Partei wählen. Wie ist das bei Ihnen: neigen Sie - ganz allgemein gesprochen - einer bestimmten Partei zu? Wenn ja, welcher?"

Tabelle 3: **Stamm- und Wechselwähler ohne Parteineigung (1983, 1987 und 1990)**

	1983 STW %	1983 WW %	1987 STW %	1987 WW %	1990 STW %	1990 WW %	1983 STW abs.	1983 WW abs.	1987 STW abs.	1987 WW abs.	1990 STW abs.	1990 WW abs.
CDU/CSU	***12.3***	***33.3***	15.1	46.3	9.3	38.7	481	24	630	67	472	31
SPD	19.7	40.6	18.0	42.3	7.6	46.3	559	101	600	71	515	54
FDP	***31.8***	***31.7***	***31.0***	41.2	***18.5***	21.4	22	63	42	17	54	19
GRÜNE	20.0	66.7	16.2	50.0	7.0	34.8	15	9	68	16	57	23
Alle	16.6	37.7	17.2	44.4	8.8	38.6	1077	197	1340	171	1098	127

Betrachtet man die verschiedenen Parteien getrennt, so geben (mit Ausnahme der FDP) jeweils zwei- bis fünfmal soviele Wechsel- wie Stammwähler an, keine Parteineigung zu haben. Beispielsweise sagten 1983 12% aller Stammwähler, aber 33% aller Wechselwähler der CDU/CSU, sie hätten *keine* Parteineigung. Von diesem Muster weichen *Stamm- und Wechselwähler der FDP* in vielleicht bezeichnender Weise ab: zwischen ihnen gibt es diese großen Unterschiede nicht. 1983 gaben ebensoviele (32%) der Stamm- wie auch der Wechselwähler an, keine Parteineigung zu haben und 1987 waren es 31% der Stamm- und 42% der Wechselwähler, 1990 entsprechend 19% und 21%. Hier wird wohl eine relativ starke emotionale Distanz auch der *FDP-Stammwähler* zu ihrer Partei - und zu allen anderen - offenbar. Obgleich sie die FDP zweimal hintereinander wählen, hatten 1983 und 1987 etwa ein Drittel, 1990 etwa ein Fünftel keine spezielle Neigung zur FDP - und auch nicht zu einer anderen Partei! Dispositionen zum Wechsel sind also bei vergleichsweise vielen Wählern der FDP verbreitet, was der Rolle dieser Partei in der Politik der Bundesrepublik ja durchaus entspricht. Die folgenden vier Abbildungen zeigen grafisch die Verteilung der *Parteineigungen* - so vorhanden - unter den Wechselwählern. Dabei kommt fast durchgängig die SPD am besten weg: sie ist ganz offenbar ein Objekt der Identifikation auch dann, wenn sie nicht (mehr) gewählt wird, wie Abbildung 9 für die SPD-Wechselwähler zeigt.

Abbildung 9

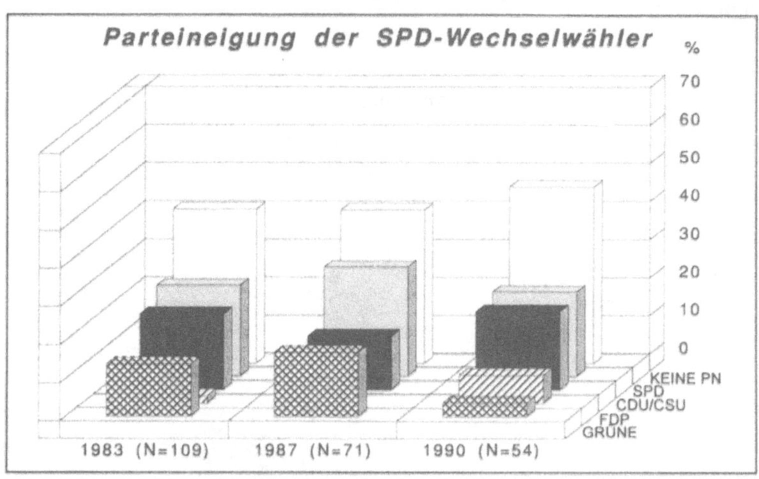

Bei allen Wahlen bleiben mehr *SPD-Wechselwähler* emotional der SPD verbunden als sich der CDU/CSU oder den GRÜNEN zuwenden, die FDP aber kommt kaum in Frage. Die *CDU/CSU-Wechselwähler* (Abbildung 10) teilen ihre Neigungen 1983 und 1987 ziemlich gleichmäßig zwischen der SPD und der CDU/CSU auf, und nur 1987 verlassen sie auch emotional zu großen Teilen die CDU/CSU.

Abbildung 10

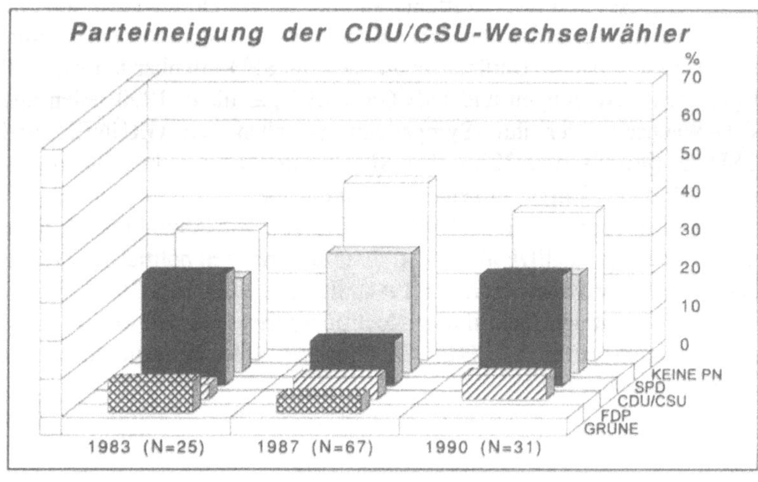

Bei den *GRÜNEN-Wechselwählern* sind zwei Dinge auffällig, wie die folgende Abbildung zeigt.

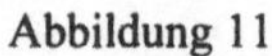
Abbildung 11

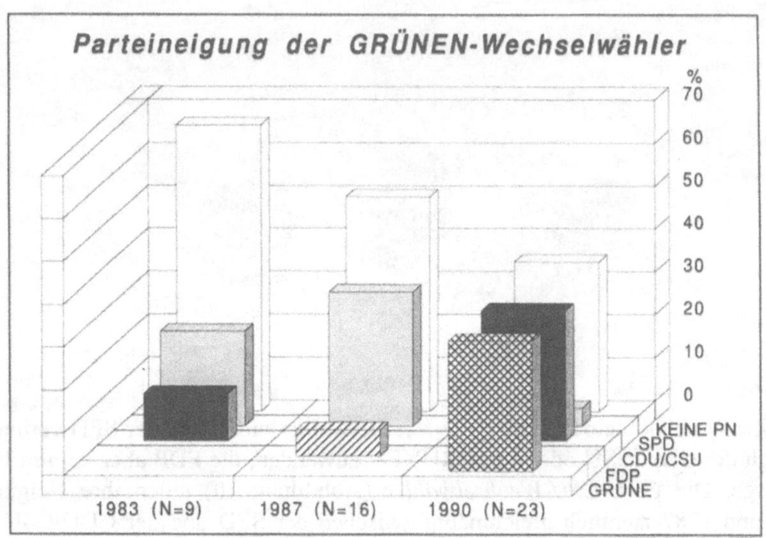

Zunächst hat sich der Anteil der GRÜNEN-Wechselwähler *ohne Parteineigung* seit 1983 stetig verringert von zwei Dritteln 1983 bis auf ein Drittel 1990: ein Hinweis auf die wachsende Identifikation (ehemaliger) Wähler der GRÜNEN mit dem etablierten Parteiensystem? Darüber hinaus war die SPD offenbar nur bis 1987 das Objekt politischer Neigungen und DIE GRÜNEN gar nicht. 1990 teilen aber die GRÜNEN-Wechselwähler ihre Sympathien zwischen den GRÜNEN und der CDU/CSU auf (jeweils etwa 30%) . Die SPD kommt kaum mehr in Frage, und die FDP spielte für diese Gruppe zu keiner Zeit eine Rolle

Sie tut es auch kaum für die *FDP-Wechselwähler*, wie Abbildung 12 zeigt. Nur etwa 15% bezeichnen die FDP als Objekt ihrer langfristigen politischen Neigungen. Die SPD ist ihr Favorit und besonders 1990, als 75% von ihnen CDU/CSU *wählen* wollen! Aber Sympathien lockt dieser Koalitionspartner deshalb noch lange nicht hervor, was umgekehrt für die CDU/CSU-Wechselwähler in bezug auf die FDP ja genauso gilt (vgl. Abb. 10).

Abbildung 12

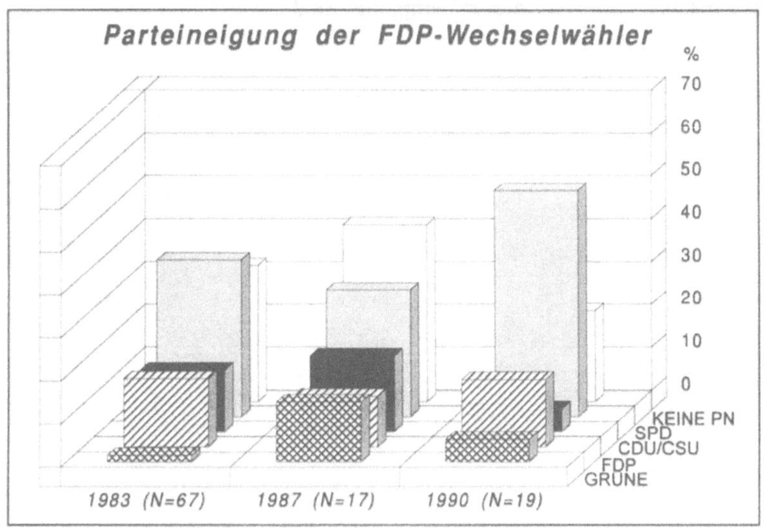

Wichtig ist festzuhalten, daß die SPD-Wechselwähler wohl am ehesten Diskrepanzen aushalten: trotz ihres Entschlusses, eine andere Partei zu wählen, behalten vergleichsweise viele ihre langfristige Neigung für die SPD bei. Alle anderen wechseln eher die Seiten: sie favorisieren jetzt andere Parteien. Dabei wird von fast allen die SPD bevorzugt und die FDP von den wenigsten. So eindeutig also die SPD ein Objekt politischer Neigung und Identifikation ist, auch bei denen, die sie nicht wählen, ist es die FDP nicht und kann es wohl auch kaum sein. Ihre politische Rolle seit 1961 als Mehrheitsbeschaffer wechselnder Koalitionen verhindert die Herausbildung langfristiger Identifikationen der Wähler, auch der eigenen.

Für die SPD wird auch hier ihr altes Dilemma wieder deutlich: sie *ist* offenbar in der Lage, politische Sympathie hervorzulocken, was aber noch längst nicht bedeutet, daß sie von ihren "Sympathisanten" gewählt wird. Bei der CDU/CSU ist es umgekehrt: die Sympathie für diese Parteien hält sich in Grenzen, dafür werden sie aber gewählt! Dieser Eindruck verstärkt sich noch, wenn direkt nach dem Ausmaß politischer *Sympathien* für die Parteien gefragt, also unmittelbar die affektive Komponente in der Identifizierung mit Parteien angesprochen wird.[6]

---

6 Wortlaut der Frage:
Und was halten Sie - so ganz allgemein - von den politischen Parteien?
Sagen Sie es bitte anhand dieser Skala: -5 -4 -3 -2 -1 0 +1 +2 +3 +4 +5
+5 heißt, daß Sie sehr viel von der Patei halten; -5 heißt, daß Sie überhaupt nichts von der Partei halten; mit den Werten dazwischen können Sie Ihre Meinung abgestuft sagen.
Was halten Sie von der SPD, von der CDU, der CSU, der FDP und von den GRÜNEN?

Die SPD erhält von *allen* - auch den SPD-Wechselwählern - in den drei Jahren nur positive Einschätzungen auf dieser Sympathie-Skala, wie Abbildung 13 zeigt.

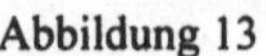

Abbildung 13

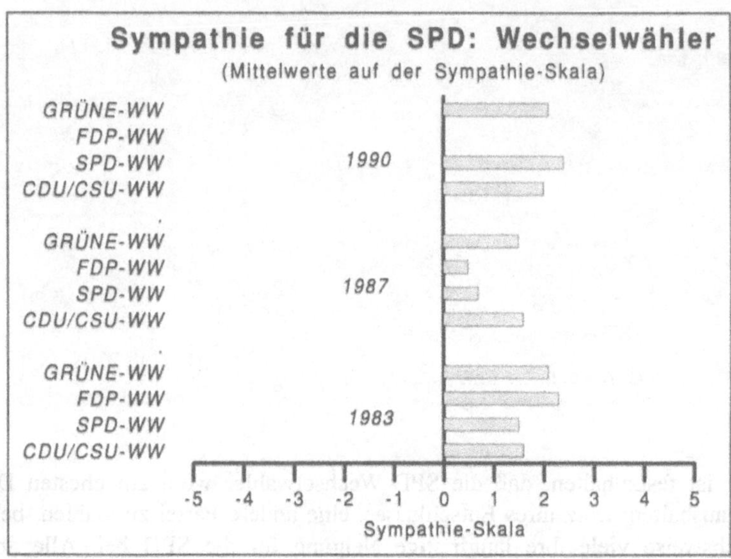

Den SPD-Wechselwählern bleibt außerdem ihre frühere Partei immer noch sympathischer als die CDU, CSU und FDP oder DIE GRÜNEN, die sie nun wählen wollen, wie der Vergleich mit den Abbildungen 14 bis 16 zeigt, den Tabelle 4 erleichtern soll.

Tabelle 4: **Sympathiewerte der SPD-Wechselwähler in bezug auf SPD, CDU, CSU, FDP und GRÜNE**

	SPD	CDU	CSU	FDP	GRÜNE
1983	+1,3	+0,9	-0,8	-1,8	-0,5
1987	+0,8	-0,2	-0,8	-1,0	-0,4
1990	+2,2	+1,8	-0,2	+1,2	-0,4

In allen Jahren wird die SPD von ihren Wechselwählern mit positiveren Sympathiewerten bedacht, als sie an die anderen Parteien vergeben.

Abbildung 14

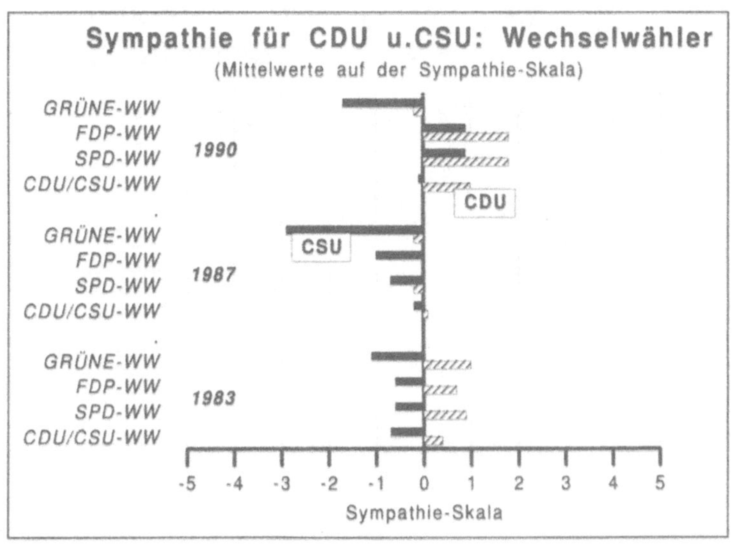

Abbildung 14 zeigt außerdem, daß CDU und CSU getrennt sehr unterschiedlich beurteilt werden. Im Falle der *CDU* äußert sich auch hier das "Stimmungstief" von 1987: sie erhält durchgängig - wenn auch geringe - negative oder neutrale Sympathiewerte. In den übrigen Jahren wird sie von den Wechselwählern generell durchaus positiv, wenn auch nicht so positiv wie die SPD, gesehen. Ihr Koalitionspartner *CSU* ist aber ganz offenbar kein Sympathieträger: nur im Jahr des generellen Rechtsrucks 1990 äußern SPD- und FDP-Wechselwähler Sympathie für die CSU!

FDP und *DIE GRÜNEN* werden den Wechselwählern erst 1990 langsam sympathisch: vorher überwiegen negative Sympathie-Bekundungen, wie die folgenden Abbildungen 15 und 16 illustrieren.

Abbildung 15

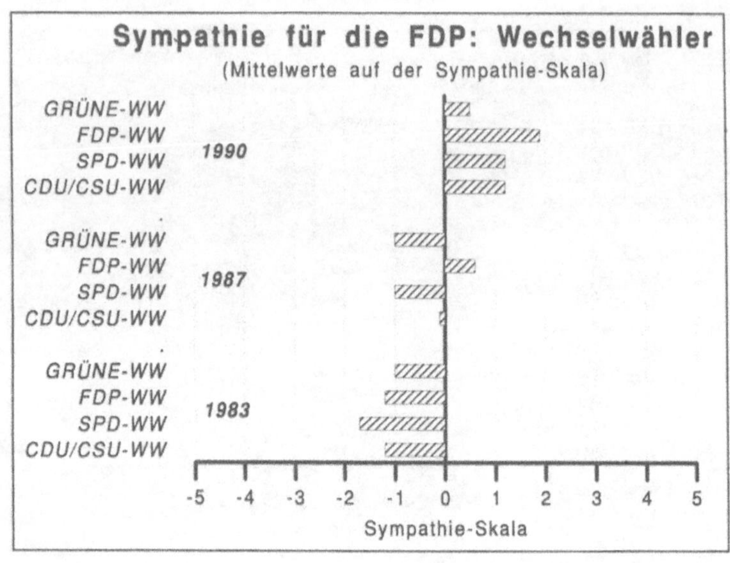

Abbildung 16

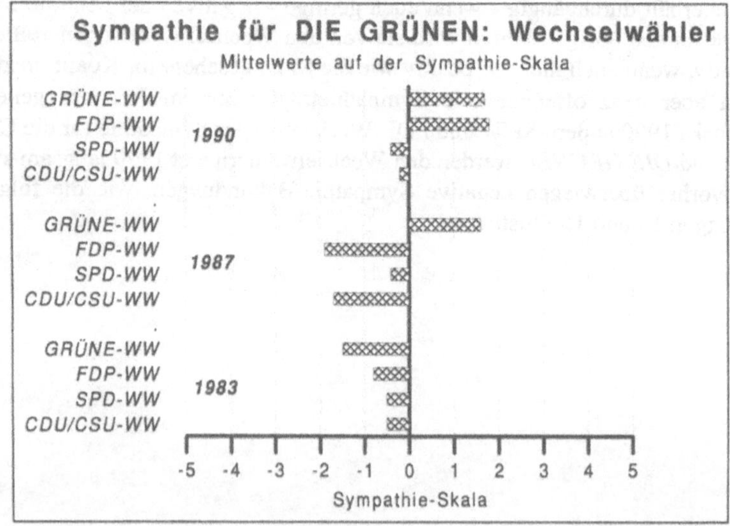

Frappierend zeigt sich dieser Sympathie-Bonus für die SPD, wenn Personen - in diesem Fall die Kanzlerkandidaten - ins Spiel gebracht werden,[7] wie die folgende Abbildung zeigt.

Abbildung 17

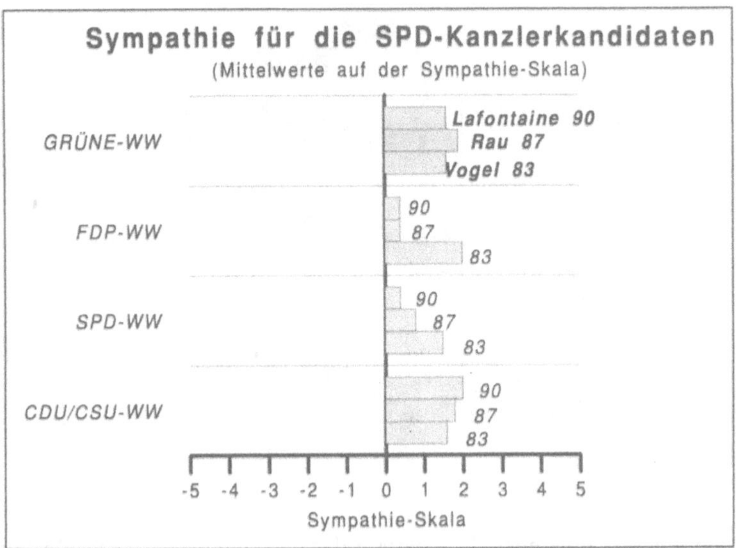

Die Kanzlerkandidaten der SPD (Jochen Vogel 1983, Johannes Rau 1987 und Oskar Lafontaine 1990) sind *allen* Wechselwählern eindeutig sympathischer als Helmut Kohl, der bei allen drei Wahlen für die CDU/CSU kandidierte, wie die folgende Abbildung 18 illustriert. Ähnlich wie bei der Sympathie für die CDU und CSU, wird auch bei dem Kanzlerkandidaten Helmut Kohl 1987 das "Stimmungstief" deutlich. 1987 erhält er von allen Wechselwählern negative Sympathiewerte. Bei den Wahlen 1983 und auch 1990 wird er aber wieder von allen (nur nicht von den GRÜNEN-Wechselwählern) positiv beurteilt.

7 Der Wortlaut der Frage:
"Bitte sagen Sie mir anhand dieser Skala, was Sie von einigen führenden Politikern halten. +5 bedeutet, daß Sie sehr viel von dem Politiker halten. -5 bedeutet, daß Sie überhaupt nichts von ihm halten. Wenn Ihnen der Politiker unbekannt ist, brauchen Sie ihn natürlich nicht einzustufen."

Abbildung 18

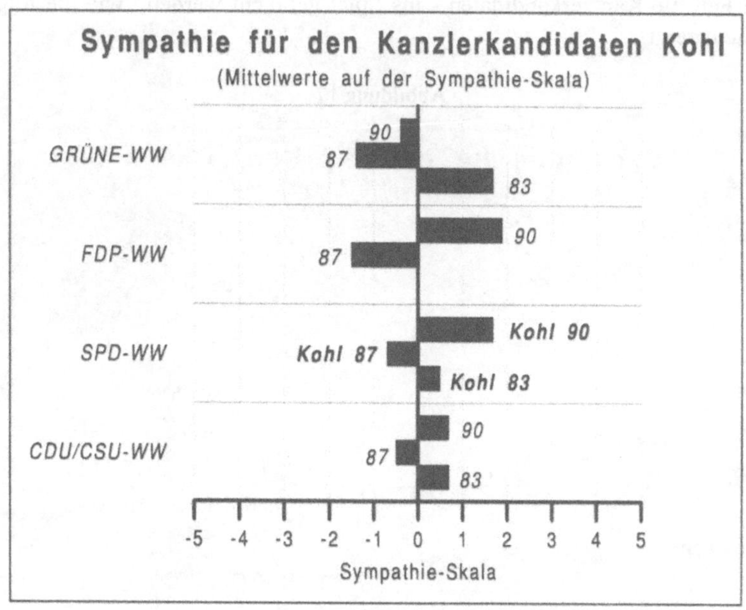

Versuchen wir nun eine erste Typisierung der verschiedenen Wechselwähler aufgrund der bisherigen Analyse ihrer Wahlabsichten (Abb. 5 bis 8), ihrer langfristigen politischen Neigungen (Abb. 9 bis 12) und der eher affektiven Sympathien zu Pareien (Abb. 13 bis 16) und Kanzlerkandidaten (Abb. 17 und 18).

Der *SPD-Wechselwähler* entscheidet sich 1983 und 1987 zwischen den parteipolitischen Polen: mehrheitlich "schwarz" und "grün" erst seit 1990 (vgl. Abb. 6). Mit seinen langfristigen politischen Neigungen (vgl. Abb. 9) und seinen affektiven Sympathien in bezug auf Parteien (vgl. Abb. 13 bis 16) und Kanzlerkandidaten (vgl. Abb. 17 und 18) bleibt er aber der SPD verbunden. Der allgemeine Rechtsruck von 1990 wird neben der (noch) zahlreicher geäußerten Absicht, CDU/CSU oder FDP zu wählen, auch bei der Sympathie für den Kanzlerkandidaten deutlich. Helmut Kohl erhält zum ersten Mal positivere Sympathiewerte von den SPD-Wechselwählern als der SPD-Kandidat Oskar Lafontaine.

Generell zeigen aber die SPD-Wechselwähler durch ihre bleibende Sympathie für die SPD *und* die gleichzeitige Entscheidung, eine andere Partei zu wählen, ein bemerkenswertes Maß an Konfliktfähigkeit. Solches (Wahl-)Handeln kann eigentlich nur politisch im Sinne einer sachlich-inhaltlichen Orientierung, motiviert sein. Vielleicht ist dies eine weitere Spur des so lang gesuchten "rationalen" Wählers (*Hans Rattinger 1980*)? Dieser zeichnet sich ja dadurch aus, daß er Wahlentscheidungen politisch, d.h. auch unabhängig von affektiven Präferenzen für Parteien oder Personen Kandidaten treffen kann *(Ute Kort-Krieger 1986, S. 292)*.

Die *CDU/CSU-Wechselwähler* halten eine derartige Diskrepanz zwischen politischer Neigung und politischem Handeln nicht so gut aus. Sie bringen ihre Sympathien in Bezug auf Parteien (vgl. Abb. 9 bis 12) und Kandidaten (vgl. Abb. 17 und 18) eher in Übereinstimmung mit ihrer neuen politischen Richtung. Sympathien für ihre frühere politische Heimat CDU und CSU und deren Kanzlerkandidat sind immer geringer als für die SPD. *Langfristig* allerdings teilen viele CDU/-CSU-Wechselwähler ihre politischen Neigungen ziemlich gleichmäßig zwischen SPD und CDU/CSU auf, allerdings nicht in dem "Stimmungstief" von 1987: da überwiegt auch die affektive Neigung für die SPD (vgl. Abb. 10).

Der *FDP-Wechselwähler* wählt seit 1983 mit steigender Tendenz "schwarz" und weniger "rot", wobei erst die Wahl 1990 auch bei ihm einen deutlichen Rechtsruck brachte. Zum ersten Mal wollten 1990 mehr FDP-Wechselwähler CDU/CSU als SPD wählen (vgl. Abb. 8). *Langfristig* fühlt er sich aber *immer* der SPD verbunden (vgl. Abb. 12) und besonders stark 1990, als 75% der FDP-Wechselwähler CDU/-CSU wählen wollten!

Auffällig ist, daß nur vergleichsweise wenige FDP-Wechselwähler sich überhaupt keiner Partei verbunden fühlen (vgl. Tab. 3): sie ziehen sich also nicht zurück. Es entsteht vielmehr der Eindruck, daß für sie der Parteienwechsel ähnlich normal bzw. selbstverständlich ist wie der Koalitionswechsel ihrer (ehemaligen) Partei! Auf jeden Fall ist eine mögliche Enttäuschung über die Politik einer Partei für sie kaum ein Grund, sich auch von allen anderen zurückzuziehen. Entsprechend wechseln auch ihre Sympathien für die Parteien und Kandidaten: eine eindeutige Richtung läßt sich nicht feststellen (vgl. Abb. 13 bis 18). Die FDP selbst wird 1990 zum ersten Mal von ihren Wechselwählern mit positiven Sympathiewerten bedacht, aber auch von allen anderen (vgl. Abb. 15).

Damit verkörpert der FDP-Wechselwähler vielleicht den "eigentlichen" Wechselwähler. Dieser erfährt keine Dissonanzen zwischen seinen ohnehin nur losen Bindungen an seine politische Herkunft und seinem aktuellen politischen Handeln. Die FDP ist kein Objekt der Identfikation, und umso weniger Gefühlsbindungen bzw. Probleme werden die Wechselwähler dieser Partei haben. Sie können das politische Spiel vergleichsweise emotionslos und offen spielen. Langfristig orientiert sich der FDP-Wechselwähler zwar an der SPD, die er aber deshalb noch lange nicht (immer) wählt! Seine Sympathien, die er auch in bezug auf Kandidaten und Parteien hat, sind aber eher wechselnd. Insgesamt ist dies sicher auch eine sachlich-politische Motivation, wenn auch eine andere als bei den SPD-Wechslern, die stärkere Wurzeln in ihrer politischen Herkunft behalten.

Die *GRÜNEN-Wechselwähler* können als Überwechsler oder auch Rückkehrer zur SPD bezeichnet werden. Sie waren nur 1983 vergleichsweise offen für andere Parteien. Zwar wollten 1983 über die Hälfte SPD wählen, aber immerhin noch ein Drittel CDU/CSU und der Rest FDP. Danach spielen aber diese beiden Parteien eine immer geringere Rolle (vgl. Abb. 7). Da, wie andere Untersuchungen *(Manfred Berger u. a. 1986, S. 275)* gezeigt haben, die meisten Wähler der GRÜNEN ehemalige SPD-Wähler sind, verwundert es allenfalls, daß sie nicht auch 1983 zur SPD "zurückkehrten". Vielleicht spielt auch eine Rolle, daß die GRÜNEN-Wechselwähler von 1983 noch keine Erfahrung mit einer GRÜNEN Bundestagsfraktion hatten: da kamen CDU/CSU noch in Betracht, aber nach vier Jahren grüner Opposition (fast) nur noch die SPD.

Die *langfristige* politische Orientierung ist bei den GRÜNEN-Wechselwählern aber weniger eindeutig. Als Objekt politischer Identifikation spielen DIE GRÜNEN selbst erst seit 1990 eine Rolle, voher die SPD (vgl. Abb. 11). Eine Rechtswendung ist aber auch bei ihnen 1990 festzustellen: die CDU/CSU wird von ebenso vielen GRÜNEN-Wechselwählern als langfristige Orientierung genannt wie DIE GRÜNEN! Ihre eher emotionalen Sympathien liegen aber eindeutig bei der SPD und seit 1987 auch wieder bei den GRÜNEN. Die FDP wird erst 1990 positiv bewertet, die CDU (aber nicht die CSU!) nur 1983, als sie noch eine Alternative für die GRÜNEN-Wechselwähler war. Auch der Kanzlerkandidat Helmut Kohl erhielt nur 1983 positive Sympathiewerte von ihnen, die SPD-Kanzlerkandidaten jedoch immer.

Während also die meisten *Wechselwähler der GRÜNEN* eine Alternative nur bzw. wieder in der SPD sehen und sich mit ihr offenbar ohne große Probleme arrangieren, können *SPD-Wechselwähler* mögliche Konflikte zwischen ihrer bleibenden Verbundenheit an die SPD und ihrer neuen Wahlentscheidung aushalten, und vielleicht suchen sie sie auch. Bei den *FDP-Wechslern* enstehen solche Konflikte nicht: für sie ist Wechsel normal. *CDU/CSU-Wechsler* versuchen eher, mögliche Konflikte zwischen ihrer politischen Neigung und der andersartigen Wahlentscheidung durch Anpassung zu lösen. Dies ist sicher auch eine politische Motivation, aber eine im Vergleich zu denen von SPD- und FDP-Wechslern eher passive bzw. reaktive.

7. Wie lang ist der politische Weg?

Wege, den politischen Standort zu wechseln, können unterschiedlich lang sein. Zwischen "grün" und "rot" ist er wohl kürzer, und dabei möglicherweise auftretende Konflikte sind leichter auszuhalten als bei dem längeren Weg zwischen "schwarz" und "rot". Eine Möglichkeit, die Länge politischer Wege zu messen, besteht in der Zuordnung der politischen Positionen von Parteien und Wählern auf einer Links-Rechts-Dimension. Diese Dimension politischen Denkens - das läßt sich immer wieder zeigen *(vgl. Ute Kort-Krieger und Jörn W. Mundt 1986, S. 73f)* - ist deutlich als politisches Orientierungsmuster im Bewußtsein der Bevölkerung vorhanden und auch in einer bemerkenswerten Übereinstimmung.[8] Mit nur geringen Variationen - über Zeit und nach politischem Standort - werden DIE GRÜNEN immer am weitesten links eingestuft, gefolgt von der SPD, während sich FDP, CDU und CSU rechts von der Mitte wiederfinden. Dieses weitgehend übereinstimmende politische Urteil läßt sich auch bei den Wechselwählern feststellen. Abbildung 19 zeigt es am Beispiel der Bundestagswahl 1990.

Abbildung 19

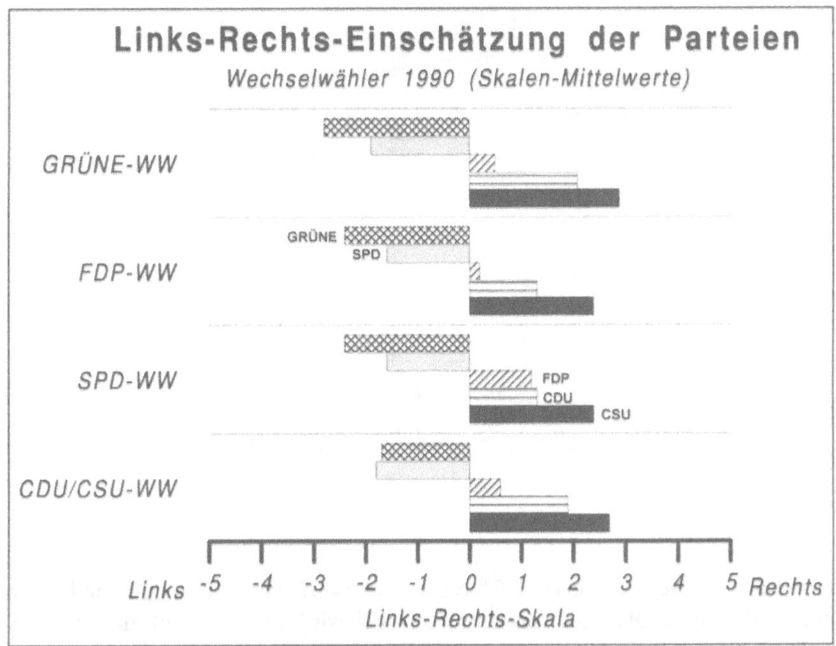

Um die Länge des politischen Weges, den Wechselwähler zurücklegen, einzuschätzen, dient die subjektive *Selbsteinschätzung* der Wechselwähler auf der Links-Rechts-Skala.[9] In der folgenden Abbildung 20 wird die Links-Rechts-Selbst-

---

8 Wortlaut der Frage:
"Es gibt eine Reihe von Begriffen, die man immer wieder hört, wenn von politischen Parteien die Rede ist, z.B. "links" und "rechts". Bitte zeichnen Sie auf dieser Vorlage ein, wie Sie die SPD, die CDU, die FDP, die CSU und DIE GRÜNEN einstufen."
01...02...03...04...05...06...07...08...09...10...11
links *rechts*

9 Wortlaut der Frage (analog zu [8]):

einschätzung von *Stamm- und Wechselwählern* der vier Parteien verglichen. Die jeweilige Differenz zwischen Stamm- und Wechselwählern einer Partei dient als Maß der Länge des politischen Weges zwischen der früheren und neuen Wahlentscheidung.

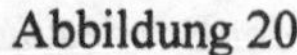

Abbildung 20

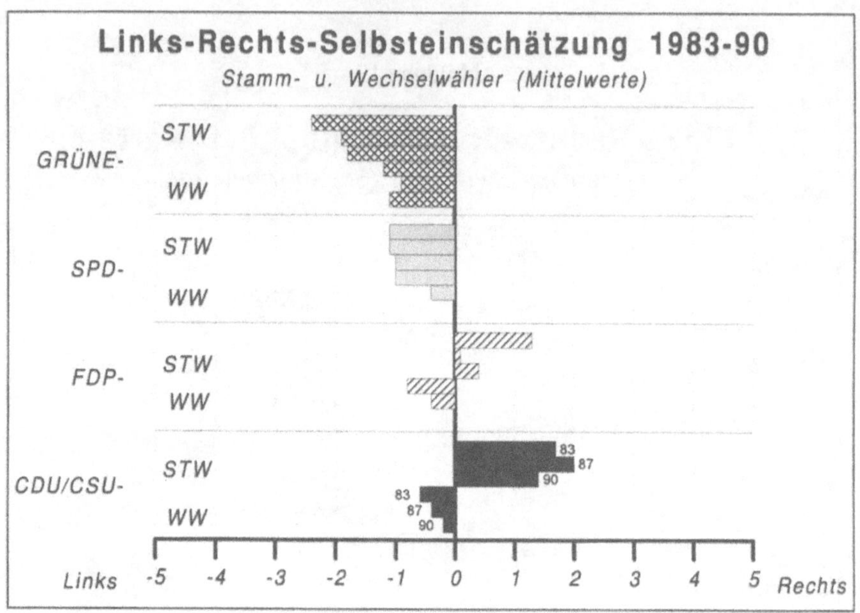

Die Wechselwähler von links (GRÜNE und SPD) rücken nach rechts und die von rechts (FDP und CDU/CSU) nach links. Dabei wird deutlich, daß die *CDU/CSU-Wechselwähler* den längsten politischen Weg zurücklegen und sogar "die Seiten wechseln". CDU/CSU-Stammwähler ordnen sich selbst in allen Jahren am weitesten rechts ein, die Wechselwähler hingegen (ein wenig!) links von der Mitte.

Auch die *FDP-Wechselwähler* wechseln die politischen Seiten, aber die Differenz zu den FDP-Stammwählern ist nicht so groß. Die *SPD-Wechselwähler* zeigen sich auch in dieser Dimension bemerkenswert stabil in ihrer politischen Orientierung. 1987 und 1990 gibt es zwar auch bei ihnen einen erkennbaren Rechtsruck, aber immer noch auf der "linken" Seite bzw. genau in die Mitte. Die

---

"Und nun hätten wir noch gerne von ihnen gewußt, wo Sie sich selbst auf dieser Skala einstufen:"

01...02...03...04...05...06...07...08...09...10...11
links *rechts*

Wahl einer anderen Partei bedeutet für die ehemaligen SPD-Wähler also auch in dieser Hinsicht kaum eine Veränderung ihres politischen Standortes. Auch die *GRÜNEN-Wechselwähler* haben da wenig Schwierigkeiten. Sie ändern zwar ihren politischen Standpunkt nach rechts, sind damit aber immer noch "linker" als alle übrigen Stamm- und Wechselwähler.

8. Zur Demographie und Sozialstruktur

Wie sieht nun das demographische und sozialstrukturelle Profil dieser Wechselwähler aus? Tabelle 5 bestätigt einige der bisherige Erkenntnisse und Vermutungen über die Wechselwähler: sie sind eindeutig jünger und verfügen über eine höhere Schulbildung als Stammwähler.

In den drei Jahren sind zwischen einem Fünftel und einem Viertel der unter 35-Jährigen Wechselwähler, aber nur zwischen 7% und 8% der über 60-Jährigen. Die Neigung zum Wechsel steigt auch eindeutig mit der formalen Schulbildung: nur 7% bis 8% der Hauptschüler ohne Lehrabschluß sind Wechselwähler, aber zwischen 15% und 28% der Abiturienten. Keine Rolle spielt offenbar das Geschlecht: unter Wechselwählern finden sich nicht mehr Frauen oder Männer als unter Stammwählern. Tabelle 5 stellt die Verteilung der Geschlechter, des Alters und der Schulbildung in den drei Jahren zusammen.

Tabelle 5: **Geschlecht, Alter und Schulbildung der Stamm- und Wechselwähler**
(1983, 1987 und 1990)

	1983			1987			1990		
	STW %	**WW** %	alle abs.	**STW** %	**WW** %	alle abs.	**STW** %	**WW** %	alle abs.
Geschlecht									
• männlich	83.2	16.8	612	88.6	11.4	799	89.2	10.8	595
• weiblich	85.0	15.0	725	87.2	12.8	804	89.0	11.0	688
Alter									
• bis 34 Jahre	73.5	26.5	343	81.0	19.0	413	75.4	24.6	350
• 35-44 Jahre	82.4	17.6	246	86.6	13.4	292	90.9	9.1	186
• 45-59 Jahre	87.5	12.5	380	90.3	9.7	445	91.0	9.0	253
• 60 Jahre u.m.	91.7	8.3	368	92.5	7.5	453	93.4	6.6	423
Schulbildung									
• Hauptschule: ohne Lehre	91.3	8.7	287	91.3	8.7	265	92.8	7.2	194
• ... mit Lehre	86.4	13.6	614	89.3	10.7	755	91.5	8.5	565
• Mittl. Reife	76.5	24.5	316	86.4	13.6	417	85.2	14.4	194
• Abitur	72.5	27.5	120	76.5	23.5	166	84.7	15.3	190

Gilt dieses demographische und sozialstrukturelle Profil auch noch, wenn man die Wählergruppen nach ihren parteipolitischen Präferenzen unterscheidet?

8.1 Frauen- bzw. Männerüberschuß

Legt man die Verteilung der Geschlechter bei Stamm- und Wechselwählern zugrunde, so zeigt sich vor allem bei denen der GRÜNEN und der FDP einige Abweichungen, gemessen in Prozentpunkten vom jeweiligen Durchschnitt. Von allen Wechselwählern waren 1983 45% Männer, aber von denen der GRÜNEN 77%, womit sie einen "Männerüberschuß" von 32 Prozentpunkten aufwiesen, wie Abbildung 21 zeigt.

Abbildung 21

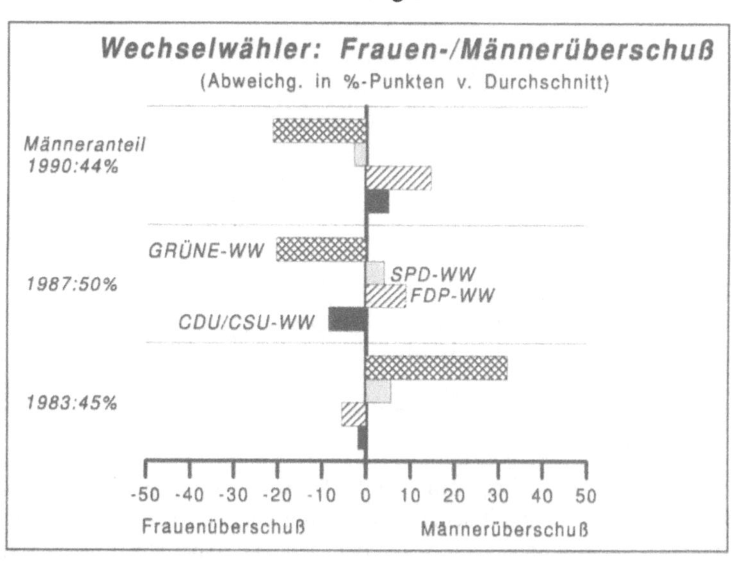

Männer dominierten aber nur 1983 bei den GRÜNEN-Wechselwählern: sie wandten sich von den "erfolglosen" GRÜNEN von 1980 ab. Mehr Frauen hingegen sind mit der Politik der GRÜNEN Bundestagsfraktion seit 1987 nicht zufrieden: um 20 Prozentpunkte sind die Frauen bei den GRÜNEN-Wechselwählern überrepräsentiert, d.h. 1987 sind 70% und 1990 78% der GRÜNEN-Wechselwähler weiblich.

Die Rolle der FDP in der "Wende-Wahl" 1983 machte offenbar mehr Frauen als Männern Probleme: es gab einen Frauenüberschuß von 6 Prozentpunkten, d.h. 51% der FDP-Wechselwähler waren weiblich, sonst aber (1987 und 1990) dominieren die Männer.

Bei den beiden großen Parteien sind nur geringe Abweichungen festzustellen: lediglich 1987 waren unter den CDU/CSU-Wechselwählern mit 58% verhältnismäßig viele Frauen. Unter den SPD-Wechselwählern gab es bis 1987 leichte

Männerüberschüsse und erst 1990 einen geringen Frauenüberschuß von 3 Prozentpunkten.

Unter den *Stammwählern* findet sich nur 1990 bei den GRÜNEN ein deutlicher Frauenüberschuß, wie Abbildung 22 zeigt.

Abbildung 22

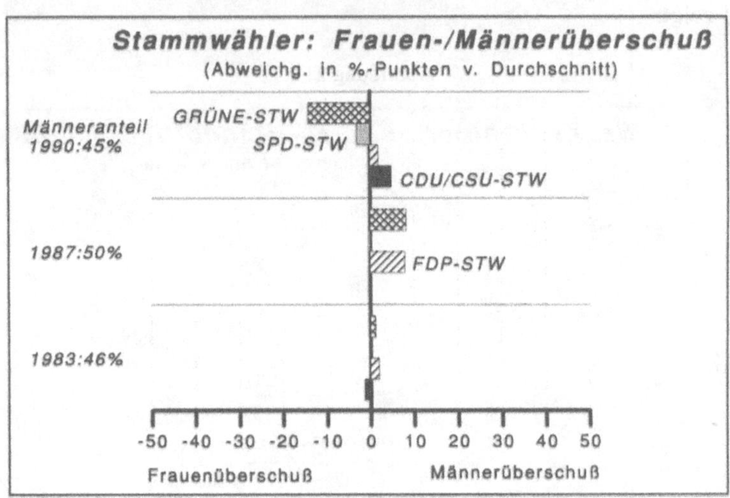

Insgesamt ist aber festzustellen, daß sich die Mehrheit der Männer und Frauen seit 1983 wenig in ihren parteipolitischen Präferenzen unterscheidet das Ergebnis eines allmählichen "Angleichungsprozesses", der seit 30 Jahren zu beobachten ist. Frauen wählten früher - auch unabhängig vom Alter - lange konservativer als Männer. Diese Neigung nahm in dem Maße ab, in dem sich die sozialen, ökonomischen und politischen und auch ethischen Wertvorstellungen und Bedingungen veränderten, wie an früherer Stelle (vgl. Kap. 3) schon ausgeführt wurde. Dieser vergleichsweise umfassende Prozeß sozialen Wandels seit den sechziger Jahren wird bei dem veränderten Wahlverhalten der Frauen besonders deutlich. Gestiegenes Bildungsniveau und vermehrte Berufstätigkeit auch verheirateter Frauen, sowie nachlassende Verbindlichkeit traditioneller Wertvorstellungen, haben den Frauen mehr Unabhängigkeit und Selbstbewußtsein gebracht. Dies drückt sich auch in ihren politischen Präferenzen aus. Wobei allerdings auch nicht übersehen werden darf, daß sich die Parteien in ihrer Programmatik auf diese veränderte gesellschaftliche Rolle der Frau inzwischen eingestellt haben *(Ute Kort-Krieger und Jörn W. Mundt 1986, S. 61ff)*.

8.2 Alter und Bildung

Wie verhält es sich nun mit dem Alter und Bildungsgrad der Wechselwähler im Vergleich zu den Stammwählern? Tab. 4 zeigte ja einen eindeutigen Zusammenhang: Wechselwähler sind jünger und (formal) gebildeter. Zwischen 1983 und 1990 gehört etwa ein Viertel der unter 35-Jährigen zu den Wechselwählern, aber nur noch etwa 8% der über 60-Jährigen. Ähnliche Unterschiede gibt es hinsichtlich der Schulbildung: je höher der formale schulische Bildungsgrad, desto mehr Wechselwähler gibt es. In der Gruppe mit Volks- bzw. Hauptschulbildung ohne Lehrabschluß gibt es zwischen 7% und 9% Wechselwähler, aber zwischen 15% und 27% in der mit Abitur (vgl. Tab. 4). Nun hängen aber spätestens seit der Bildungsexpansion der sechziger Jahre Alter und Bildungsgrad sehr eng zusammen. Die folgende Tabelle 6 belegt dies für 1990 (1983 und 1987 zeigen sich die gleichen Zusammenhänge).

Tabelle 6: **Schulbildung in den Altersgruppen 1990**

Alter	**Hauptschule ohne Lehre** %	**Hauptschule mit Lehre** %	**Mittlere Reife** %	**Abitur** %
• bis 34 J.	***9.5***	22.7	41.6	***46.5***
• 35-44 J.	9.2	14.3	17.7	17.1
• 45-59 J.	25.3	29.2	19.9	18.0
• 60 u.m. J.	***57.1***	33.8	20.7	***18.5***
Summe	100	100	100	100
Anzahl	233	607	367	211

Zwischen den Jüngsten und Ältesten kehren sich die Bildungsverhältnisse sozusagen um: 1990 haben gut die Hälfte (57%) aller über 60-Jährigen Volksschulbildung ohne Lehrabschluß und nur 18,5% das Abitur. Bei den unter 35-Jährigen ist es umgekehrt: fast die Hälfte (46,5%) hat das Abitur und nur 9,5% haben Hauptschule ohne einen Lehrabschluß.

Jung zu sein und eine hohen formalen Bildungsgrad zu besitzen, disponiert also zum Wechselwählen. Als nächstes wird untersucht, ob dies so auch noch gilt, wenn nach Stamm- und Wechselwählern der verschiedenen Parteien differenziert wird. Zunächst zum Alter. Da sich die Altersstruktur der Stamm- und Wechselwähler zwischen 1983 und 1990 wenig veränderte, enthalten die folgenden grafischen Darstellungen nur die Daten von 1990. Bis auf die Stamm- und Wechselwähler der GRÜNEN gilt, daß Wechselwähler tendenziell jünger sind als Stammwähler, wie die folgenden Abbildungen 23 und 24 zeigen.

Abbildung 23

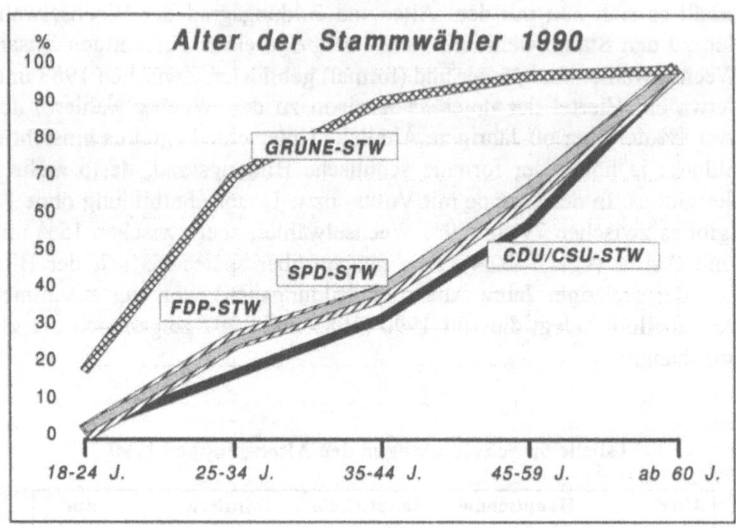

Abbildung 24

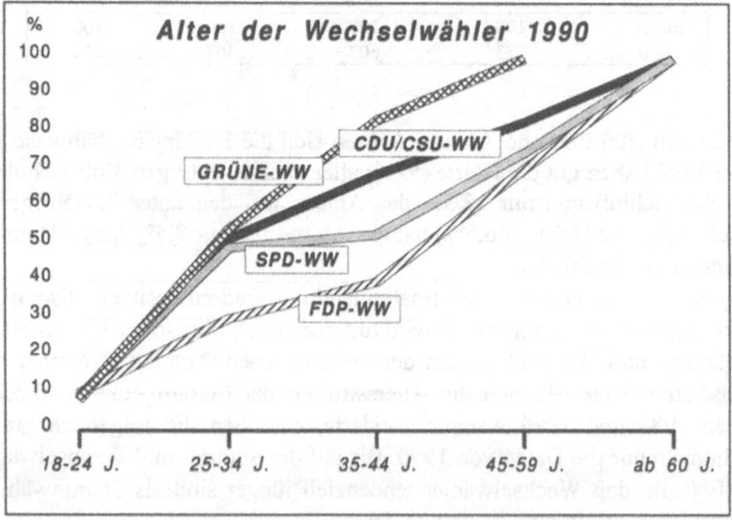

Bei den GRÜNEN ist das Verhältnis allerdings umgekehrt: die Wechselwähler sind älter bzw. nicht noch(!) jünger als die Stammwähler, aber beide sind bei weitem die Jüngsten. Abb. 23 zeigt auch, daß sich die Stammwähler von CDU/CSU, SPD und FDP kaum in ihrer Alterszusammensetzung unterscheiden, die Wechselwähler hingegen schon (vgl. Abb. 24). Die GRÜNEN-Wechselwähler sind zwar auch hier die Jüngsten, aber der Abstand zu den übrigen ist nicht mehr so groß wie bei den Stammwählern.

Für alle drei Wahlen läßt sich festhalten, daß die Homogenität in der Altersstruktur bei den Stammwählern (mit Ausnahme der GRÜNEN) immer größer ist als bei den Wechselwählern. Also auch wegen deutlicher Unterschiede in der Alterszusammensetzung ist die Gruppe der Wechselwähler *weniger* homogen als die der Stammwähler. Die Stammwähler sind insgesamt älter und (ziemlich) gleich alt, die Wechselwähler jünger, aber nicht gleich alt.

Aber auch die Wähler der GRÜNEN werden älter! Immer schon hatten DIE GRÜNEN ihren stärksten Rückhalt ja nicht bei den Jüngsten, sondern in der Altersgruppe der 25 bis 34-Jährigen. Unterteilt man sie in die Altersgruppen unter und über 35 Jahre (wie in Tabelle 7 geschehen), so zeigt sich, daß beide, GRÜNE-Stamm- und Wechselwähler zwischen 1983 und 1990 älter geworden und Jüngere offenbar nicht hinzugekommen sind.

Tabelle 7: **Alter der Stamm- und Wechselwähler der GRÜNEN** (1983, 1987 und 1990)

	ALTER		Summe	Anzahl
	unter 35 J.	über 35 J.		
	%	%	%	abs.
STW 1983	***88.2***	11.8	100	17
WW 1983	***77.7***	22.3	100	9
STW 1987	***70.6***	29.4	100	74
WW 1987	***70.1***	29.8	100	17
STW 1990	***71.1***	28.9	100	59
WW 1990	***54.1***	45.9	100	24

1983 waren die GRÜNEN-Stammwähler mit 88% unter 35 Jahren eindeutig jünger als die Wechselwähler mit "nur" 78%. 1987 sind beide älter und auch gleichaltrig geworden: nur noch etwa 70% sind jünger als 35 Jahre. 1990 sind zwar nicht die Stammwähler, dafür aber die Wechselwähler "gealtert": nur noch 54% sind jünger als 35 Jahre.

Auf den engen Zusammenhang zwischen Alter und formaler Schulbildung wurde mehrfach hingewiesen (vgl. Tab. 6): fast die Hälfte aller Wähler unter 35 Jahren hat Abitur, aber nur knapp 20% derjenigen, die älter als 60 Jahre sind. Durchgängig zeigt sich dieser Zusammenhang aber nur bei den GRÜNEN-Stammwählern: sie sind mit Abstand die jüngsten und verfügen über den höchsten Bildungsgrad.

Abbildung 25

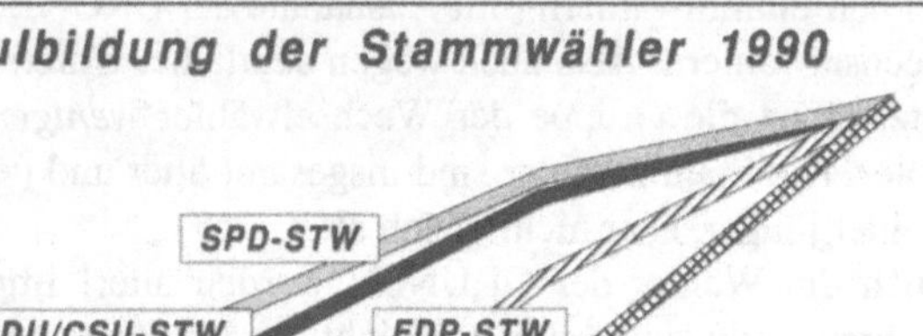

Bei dieser Rangfolge wird deutlich, daß neben dem Alter noch andere Einflüsse den Bildungsgrad bestimmen müssen. Denn nur im Falle der GRÜNEN-Stammwähler stimmt die Relation, daß die Jüngsten auch den höchsten Bildungsgrad haben.

Zunächst einmal gibt es zwischen den *Stammwählern* von CDU/CSU, FDP und GRÜNEN größere Unterschiede in der *Bildung* als im Alter, wie der Vergleich der Abb. 23 und 24 zeigt. Außerdem unterscheiden sich die Stammwähler der FDP und SPD kaum dem Alter nach; die FDP-Stammwähler haben aber eindeutig eine höhere formale Schulbildung. Die CDU/CSU-Stammwähler sind (tendenziell) die ältesten, liegen aber im Bildungsgrad immer noch vor den SPD-Stammwählern.

Bei den (insgesamt jüngeren) *Wechselwählern* ist es umgekehrt: sie liegen im *Alter* stärker auseinander als im Bildungsgrad, wie ein Vergleich von Abb. 24 mit der folgenden zeigt.

Abbildung 26

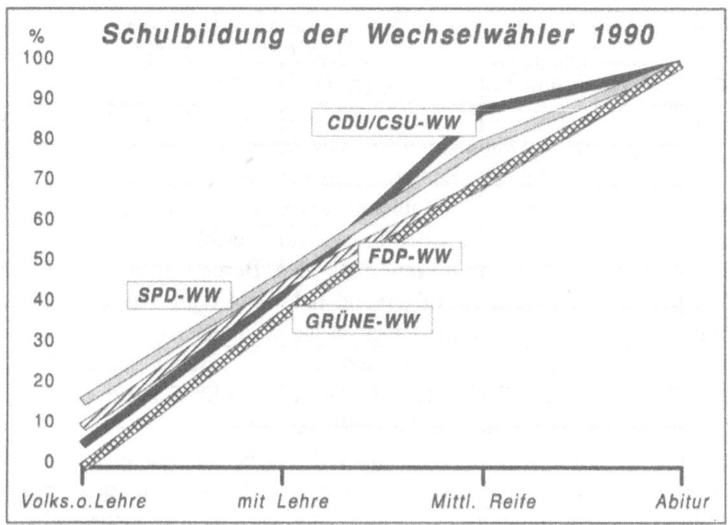

Im Alter unterscheiden sich die Wechselwähler also stärker als im Bildungsgrad. Der Grund dafür liegt in dem Zusammenhang von Bildung und sozialer Schichtzugehörigkeit und die unterschiedliche Verteilung der sozialen Schichten in den Wählergruppen, worauf wir im nächsten Kapitel eingehen werden. Vorher noch ein paar Bemerkungen zu den Auswirkungen der Bildungsexpansion seit den sechziger Jahren in diesem Zusammenhang.

Trotz Expansion und Reform des Bildungswesens und einer (anfänglichen) Politik der Bildungsförderung und des Werbens unter den "bildungsfernen" Schichten, bestimmt die soziale Herkunftsschicht immer noch wesentlich die Entscheidungen über Bildungs- und Berufswege. Dieser Einfluß hat sich in den letzten 20 Jahren auch nur geringfügig geändert: beispielsweise stammten 1972 etwa 6% der Gymnasiasten aus der Arbeiterschicht, 1990 waren es 11%. Da aber der Anteil der Arbeiter in der erwerbstätigen Bevölkerung 38% betrug, bedeutet auch diese Verdoppelung keine strukturelle Veränderung der Bildungsbeteiligung dieser Schicht.

Zunächst einige Erklärungen über das im folgenden verwendete Schichtmodell (vgl. auch: *Ute Kort-Krieger und Jörn W. Mundt 1986),* das auf den Arbeiten von *Gerhard Lenski (1966)* und *Theodor Geiger (1932)* beruht.

Gerhard Lenski bewertet das "Berufsklassensystem" als wichtigste Dimension in der Verteilung sozialer Ungleichheit in Industriegesellschaften. Andere Dimensionen sind politische Macht, Besitz, ethnische und regionale Zugehörigkeit, Bildung, Alter, Konfession und Geschlecht. Zwei Aspekte werden dabei wichtig: die gesellschaftliche Einordnung eines Individuums erfolgt nach *Gerhard Lenski* wesentlich durch dessen Position innerhalb des Berufssystems. Weiß man in unserer Gesellschaft, welchen Beruf jemand hat, weiß man bereits ziemlich viel, um ihn einordnen zu können. Diese Tatsache hat wichtige Konsequenzen auch für die persönliche Identität, den zweiten Aspekt der großen Bedeutung der Berufsklassensystems in Industriegesellschaften: die Menschen selbst bewerten ihren Beruf als eine wesentliche Dimension ihrer Persönlichkeit.

Nun deuten sich in jüngster Zeit Entwicklungen an, die diese überragende Bedeutung der beruflichen Position für die gesellschaftliche und individuelle Identität abschwächen bzw. im Vergleich mit anderen Lebensbereichen relativieren. Steigende Lebenserwartung, Verlängerung der Ausbildungs- und Verkürzung der (Lebens-)Arbeitszeit zusammen mit vermehrter Freizeit und relativ hohem allgemeinen materiellen Lebensstandard lassen erwarten, daß der Beruf nicht mehr *die* zentrale Bedeutung im Lebenszusammenhang behalten wird.

Eine weitere Entwicklung deutet auf die abnehmende Aussagefähigkeit der Berufs für die soziale Placierung eines Individuums hin. Für die jüngere Generation, die von der Bildungsexpansion seit den sechziger Jahren profitierte und dadurch mehr und höhere Qualifikationen erreichte (wir haben diesen Zusammenhang mit unseren Daten schon erläutert), gilt die traditionelle Koppelung von hohem Ausbildungs- und beruflichem Standard nicht mehr. Die Nachfrage nach hoher Qualifikation durch das Beschäftigungssystem entspricht nicht (mehr) dem Angebot an Qualifikation, welches das Bildungssystem "produziert".

Durch die absolute und prozentuale Ausweitung dieser Gruppierung höher Qualifizierter sah sich eine wachsende Anzahl von ihnen gezwungen, in rang- und einkommensmäßig 'niedrigere' Berufspositionen zu gehen". (Heinz Ulrich Brinkmann 1988, S. 21)

Ob dies ein u. U. vorübergehendes Problem des Berufseinstiegs *dieser* Generation ist, kann bisher noch nicht entschieden werden. Aber auf jeden Fall müßte man heute ein höheres Qualifikationsniveau dieser jüngeren Generation in allen Berufsklassen feststellen können.

Bevor wir dies an den Daten überprüfen, wenden wir uns zunächst der theoretischen und operationalen Definition sozialer Schichten zu. Grundlage dafür - wie bereits ausgeführt - ist das Berufsklassensystem als die noch immer wichtigste, wenn wahrscheinlich auch an Bedeutung verlierende Dimension für die Bestimmung des gesellschaftliches Ranges von Individuen. Die operationale Definition dieser Berufsklassen ist die Stellung im Beruf. Bei der Bildung sozialer Schichten aus diesen Berufskategorien orientieren wir uns an *Theodor Geigers* Theorie über "Die sozialen Schichten des deutschen Volkes" (1932).

Er bildete aus den Berufsgruppen soziale Schichten, denen Lebensstil, soziale und politische Mentalität als Folgen der in bestimmten sozialen Lagen gemachten Lebenserfahrungen gemeinsam sind *(ebenda, S. 27)*. Soziale Schichten unterscheiden sich also aufgrund der Ausbildung verschiedener *Mentalitäten*, die zu jeweils eigentümlichem ökonomischem und politischem Verhalten und führen. Es geht bei diesem Schichtbegriff also um Mentalitäten und nicht um Rangabstufungen wie "oben und unten" oder "höher und tiefer". Bei den Landwirten wird dies besonders deutlich. Auf sie trifft die "schichtenspezifische Mentalität" in hohem Maße zu. Aufgrund ihrer Lebens- und Arbeitsweise haben sie eine Mentalität entwickelt, die sich stark von allen anderen Schichten unterscheidet. Tabelle 8 zeigt diese soziale Schichtung der Bevölkerung mit den Daten der Wahlstudien 1987 und 1990.

Tabelle 8: **Soziale Schichtung der Berufstätigen**
(Wahl-Panel 1987 und 1990)

		1987		1990	
	%	%	abs.	%	abs.
Alter Mittelstand		**8.1**	136	**7.7**	79
04. Freie Berufe, selbständige Akademiker	1.4				
03. Größere Selbständige (z.B. Fabrikbesitzer)	0.1				
02. Mittlere Selbständige (z.B. Einzelhändler mit großem Geschäft, Hauptvertreter)	2.5				
01. Kleinere Selbständige (z.B. Einzelhändler mit kleinem Geschäft, Handwerker)	4.3				
Neue Mittelschicht		**31.4**	525	**30.9**	316
08. Leitende Angestellte (z.B. Abteilungsleiter, Prokurist, Direktor)	2.8				
07. Wissenschaftliche Angestellte	2.0				
06. Qualifizierte Angestellte (z.B. Buchhalter)	20.0				
12. Beamte des höheren Dienstes	1.2				
11. Beamte des gehobenen Dienstes	2.5				
10. Beamte des mittleren Dienstes	2.9				
Untere Mittelschicht		**21.4**	359	**27.8**	284
05. Ausführende Angestellte (z.B. Verkäufer, Kontorist)	19.9				
09. Beamte des einfachen Dienstes	1.5				
Arbeiter		**36.4**	611	**31.0**	317
14. Facharbeiter	24.0				
13. Ungelernte oder angelernte Arbeiter	12.4				
Landwirte		**2.7**	45	**2.5**	26
18. Inhaber großer landwirtsch. Betriebe	0				
17. Inhaber mittlerer landwirtsch. Betriebe	0.7				
16. Inhaber kleiner landwirtsch. Betriebe	1.2				
15. Landarbeiter	0.7				
Summe		100	1676	100	1022
Keine Antwort bzw. nicht berufstätig			278		429
Alle			1954		1451

Die Angestellten und Beamten, die bei *Theodor Geiger* eine Gruppe bilden, wurden noch einmal unterteilt in die *Neue Mittelschicht*, wozu die Inhaber leitender bzw. höherer Funktionen gehören und in die *Untere Mittelschicht* der mittleren und unteren Qualifikationen. *Theodor Geiger* sprach - in Abgrenzung zum Alten Mittelstand vom Neuen Mittelstand, der aber im ständischen Sinne der Abgeschlossenheit gegenüber anderen gerade kein "Stand" ist. Deshalb wird im folgenden der Begriff der "Neuen Mittelschicht" verwendet. Sie unterscheidet sich von der Unteren Mittelschicht durch ihre Fähigkeit und Bereitschaft zur Mobilität. Führungsungsfunktionen bzw. das Streben danach erfordern, daß sich die Neuen Mittelschichten in Mentalität und Verhalten "nach oben" orientieren. Den Unteren Mittelschichten sind solchen Orientierungen schon aufgrund ihrer (geringeren) Qualifikation Grenzen gesetzt. Diese Gruppe entwickelt einen Lebensstil und eine Mentalität, die im wesentlichen auf ihre engere soziale Umgebung gerichtet ist und deshalb wohl als wenig aufgeschlossen für Anderes und Neues beschrieben werden kann.

Zum *Alten Mittelstand* gehören die freien und selbständigen Berufe. Deren Mentaltät wird wesentlich geprägt durch ihre ökonomische Eigenständigkeit. Diese Schicht ist aber in anderer Hinsicht keineswegs homogen: dazu gehören der Groß-Unternehmer ebenso wie der "kleine" Einzelhändler oder der niedergelassene Arzt.

Arbeiter aller Qualifikationsstufen wurden zu einer Schicht zusammengefaßt. Auch *Theodor Geiger (1932, S. 92ff)* betonte, daß es innerhalb der Arbeiterschaft starke Differenzierung nach Qualifikation und Einkommen, sowie nach Tradition der verschiedenen Branchen und Wirtschaftsbereiche (wie z. B. Bergbau, grafisches Gewerbe oder die verschiedenen Handwerke) gibt. Ausschlaggebend ist aber wiederum die Vermutung, daß sich die Mentalität der Arbeiter von der der mittleren Schichten stärker unterscheidet als innerhalb der Arbeiterschaft. Kommen wir nun auf den unterschiedlichen Bildungsgrad der sozialen Schichten zurück.

Tabelle 9: **Bildungsgrad in den sozialen Schichten 1990**

	Hauptschule ohne Lehre %	Hauptschule mit Lehre %	Mittl. Reife %	Abitur %	Summe %	Anzahl abs.
Landwirte	31.0	51.7	10.3	6.9	100	29
Alter Mittelstand	5.9	35.3	38.8	20.0	100	85
Neue Mittelschicht	0	18.9	***44.2***	***36.9***	100	339
Untere Mittelschicht	8.7	54.3	33.1	3.9	100	311
Arbeiter	25.2	66.8	***6.6***	***1.4***	100	361
Alle	11.7	46.1	27.8	14.3	100	1125

Über den höchsten formalen Bildungsgrad verfügt 1990 die Neue Mittelschicht: 80% hat die Mittlere Reife oder das Abitur. Der Alte Mittelstand folgt mit fast 60%, dann die Untere Mittelschicht (fast 40%), die Landwirte (fast 20%) und die Arbeiter mit 8%.

Damit ist auch der vergleichsweise geringe Bildungsgrad der Stammwähler der SPD zu erklären, obgleich sie - wenn auch nur wenig - jünger als die CDU/CSU- und FDP-Stammwähler sind (vgl. Abb. 23). Die *SPD* hat 1990 mit 40% den höchsten Arbeiteranteil unter den Stammwählern und noch etwa 30% aus der Unteren Mittelschicht, beides Schichten mit vergleichsweise geringem Bildungsgrad. *CDU/CSU* und *FDP* rekrutieren ihre verhältnismäßig "alte" Stammwählerschaft aber in stärkerem Maß aus den höher gebildeten Alten und Neuen Mittelschichten. Abbildung 27 illustriert dies für 1990 (1983 und 1987 verhielt es sich ähnlich).

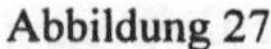

Abbildung 27

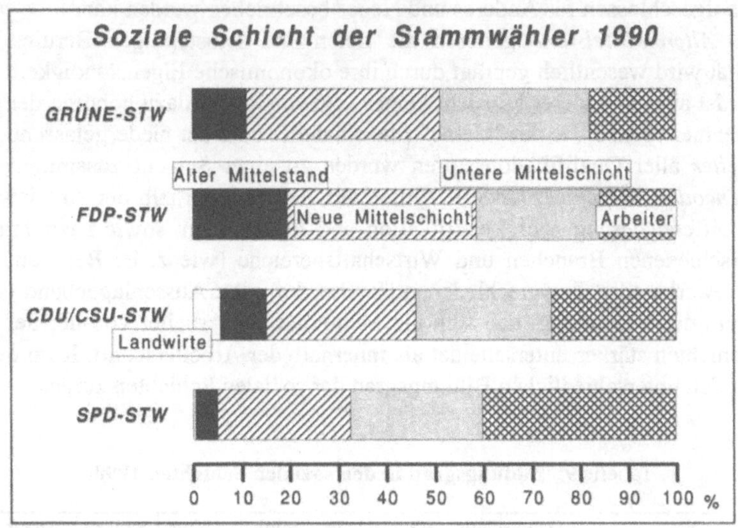

Die Stamm- und Wechselwähler der FDP und GRÜNEN unterscheiden sich 1990 wenig in ihrer Schichtzusammensetzung, wie der Vergleich mit der folgenden Abbildung 28 zeigt: um 50% der Stamm- *und* Wechselwähler der GRÜNEN und 60% der FDP gehören den Alten und Neuen Mittelschichten an.

Abbildung 28

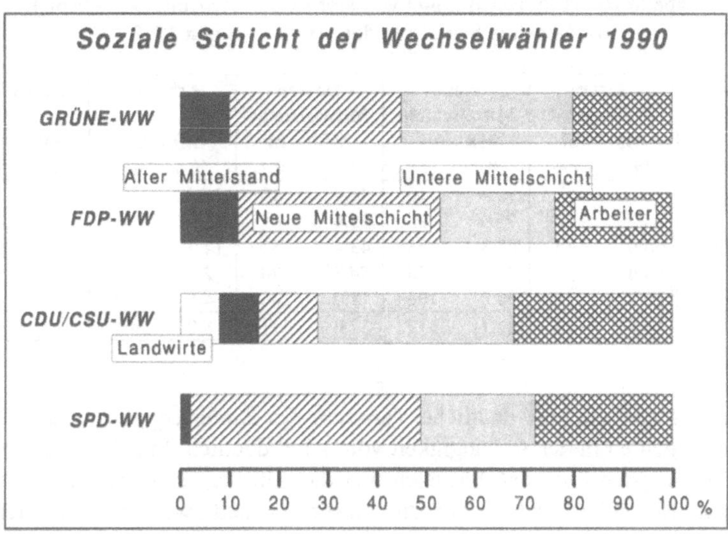

Bei den Wählern der beiden großen Parteien gibt es jedoch auffällige Unterschiede. Die *Stammwähler der SPD* kommen nur zu etwa 30% aus den Neuen Mittelschichten, ihre *Wechselwähler* aber zu fast 50%. Das heißt: Arbeiter und Angehörige der Unteren Mittelschichten bleiben der SPD eher "treu". Bei der *CDU/CSU* ist es genau umgekehrt: sie werden eher von den unteren Schichten verlassen. Die *Stammwähler der CDU/CSU* kommen zu gut 50% aus den Arbeiter- und Unteren Mittelschichten, die *Wechselwähler* aber zu über 70%. Die Neue Mittelschicht ist aber nur zu gut 10% unter den CDU/CSU-Wechselwählern vertreten.

Den theoretischen Erwartungen über die Neue Mittelschicht als der - auch quantitativ - wichtigsten Gruppe unter den Wechselwählern widersprechen diese Daten aber nur teilweise, wenn die Definition der Neuen Mittelschicht berücksichtigt wird. Zu dieser Schicht zählen leitende, wissenschaftliche und qualifizierte Angestellte und Beamte des höheren und gehobenen Dienstes (vgl. Tab. 8). Dies sind Berufspositionen, die häufig erst in höherem Alter erreicht werden (können). Die Wechselwähler der CDU/CSU sind aber 1990 jünger als die der SPD (vgl. Abb. 24) und vielleicht auch deshalb (noch) in den unteren Schichten zu finden, während die älteren SPD-Wechselwähler bereits etabliert sind. Dafür, daß die jungen Wechselwähler aus der Unteren Mittelschicht und auch die aus der Arbeiterschicht aufgrund ihrer Qualifikation zu den (potentiellen) sozialen Aufsteigern gehören, sprechen die Daten der folgenden Tabelle 10. Sie sprechen auch für Vermutung *Heinz Ulrich Brinkmanns (1988, S. 21)* über die "Entkoppelung" von hoher Qualifikation und hohem Berufsrang bei den jüngeren Jahrgängen.

Tabelle 10: **Höhere Bildung** (Mittlerer Reife oder Abitur -MR/Abi-)
und soziale Schicht in den Altersgruppen 1990

Alter	Alter Mittelstand MR / Abi		Neue Mittelschicht MR / Abi		Untere Mittelschicht MR / Abi		Arbeiter MR / Abi		Landwirte MR / Abi	
	%	abs.	%	abs.	%	abs.	%	abs.	%	abs.
18-24 J.		1	90.0	10	***68.4***	19	***19.2***	61		1
25-34 J.	85.7	21	95.6	91	55.0	69	15.9	63		4
18-24 J.	60.0	15	87.3	55	43.4	53	14.7	41		4
45-59 J.	53.4	30	76.2	80	***34.3***	70	***2.1***	97		6
60 u.m. J.	38.9	18	68.0	103	17.0	100	4.5	134	7.1	14
Alle	58.8	85	81.1	339	37.0	311	8.0	361	17.2	29

Zunächst einmal wird die deutliche Variation des Bildungsgrades innerhalb aller sozialen Schichten in der Abhängigkeit vom Alter deutlich. In *allen* Schichten verfügen die Jüngsten über den höchsten und die Ältesten über den geringsten Bildungsgrad. Besonders groß ist der Bildungsunterschied zwischen den Altersgruppen in der Unteren Mittelschicht und bei den Arbeitern. Fast 70% der 18 bis 24-Jährigen der Unteren Mittelschicht haben Mittlere Reife oder Abitur, aber nur ein Drittel der über 45-Jährigen. Von den Arbeitern haben immerhin fast 20% der Jüngsten Abitur oder Mittlere Reife.

Vermutlich beeinflußt also das Bildungsniveau am stärksten den Entschluß, diesmal eine andere Partei zu wählen, stärker jedenfalls als das Alter und die Schichtzugehörigkeit. Wechselwähler sind sowohl ältere Angehörige der Neuen Mittelschicht (vor allem die der SPD) als auch Jüngere der Unteren Mittelschichten (die der CDU/CSU) mit höherem Bildungsgrad, die sich wahrscheinlich noch im Prozeß des sozialen Aufstiegs befinden. Es kann also auch in diesem Zusammenhang keine soziale Homogenität der Wechselwähler festgestellt werden. Nur die tendenziell höhere Bildung verbindet sie, aber nicht (bzw. noch nicht) das übrige soziale Milieu.

9. Bindungen an soziale Milieus

9.1 Etablierte Milieus: Parteien, Gewerkschaften und Kirchen

Eine der zentralen Vermutungen über Wechselwähler ist, daß sie geringe bzw. nachlassende Bindungungen an traditionelle soziale Milieus wie politische Parteien, Gewerkschaften und Kirchen haben. Die Lockerung solcher Bindungen macht es erst möglich, daß jemand zum Wechselwähler wird, denn diese Milieus prägen - wie vielfach belegt - politische Präferenzen (zusammenfassend hierzu: *Rainer-Olaf Schultze 1990, Roland Czada 1990, Matthias Jung 1990)*.

Tab. 3 zeigte, daß der Anteil der Wechselwähler ohne Parteineigungen (mit Ausnahme der FDP-Wechsler!) um ein Mehrfaches höher ist als bei den Stammwählern. Ein weiterer Indikator für die Einbindung in politische Milieus ist die *Stärke der Parteineigung*, wo eine solche existiert. Mitgliedschaft in einer Partei ist kein brauchbarer Indikator, da nur etwa 5% der Wahlbevölkerung der Bundesrepublik eingeschriebene Parteimitglieder sind. Im Falle der *Gewerkschaften* wurde die Mitgliedschaft erfragt, denn bei dieser Organisation gibt es kein vergleichbares Verhalten wie das Wählen, das Aufschluß über die Bindung an dieses Milieu geben könnte. Außerdem liegen die Anteile der Mitgliedschaft in Gewerkschaften um 20% der Wahlbevölkerung. Als drittes wichtiges Milieu für die Ausbildung politischer Präferenzen berücksichtigen wir die Bindung an die *Kirchen*, gemessen als die "Häufigkeit des Kirchgangs".[10] Die Konfessionszugehörigkeit spielt keine Rolle bei den Wechselwählern, d. h. die beiden Konfessionen sind zu etwa gleichen Anteilen bei Stamm- und Wechselwählern vertreten. Nun sagt die bloße Konfessionszugehörigkeit (etwa 90% der Befragten gehören einer Konfession an, d. h. sie sind "hineingeboren") ja auch wenig aus über Bindungen und Engagement im kirchlichen Milieu. Eine Möglichkeit, die Intensität solcher Bindungen zu messen,

---

10 Wortlaut der Fragen:

Stärke der Parteineigung

Falls Befragter einer Partei zuneigt: Wie stark oder wie schwach neigen Sie - alles zusammengenommen - dieser Partei zu?

1 sehr stark 2 ziemlich stark 3 mäßig 4 ziemlich schwach 9 keine Antwort 0 trifft nicht zu

(1 und 2 = "starke" Parteineigung)

Gewerkschaftsmitgliedschaft

Sind Sie selbst oder jemand anderer in Ihrem Haushalt Mitglied einer Gewerkschaft?

1 ja, selbst 2 ja, nur Andere(r) 3 ja, selbst und Andere(r) 4 nein 9 Weiß nicht

(1 und 3 = Gewerkschaftsmitglied)

Kirchenbindung

Falls Befragter einer Konfession zugehörig: Wie oft gehen Sie im allgemeinen zur Kirche?

1 jeden Sonntag 2 fast jeden Sonntag 3 ab und zu 4 einmal im Jahr 5 seltener 6 nie

9 keine Antwort 0 trifft nicht zu

(5 und 6 = "seltene" Kirchgänger)

besteht darin, nach der Häufigkeit des Kirchenbesuchs zu fragen. Sie kann zumindest als ein (in derartigen Umfragen zu erhebender) Indikator für direkt wohl kaum zu messende Intensität religiöser Bindungungen gelten. Tabelle 11 stellt die Ergebnisse für die Bindung von Stamm- und Wechselwählern an Parteien, Gewerkschaften und Kirchen zusammen.

Tabelle 11: **Bindungen der Stamm- und Wechselwähler an Parteien, Gewerkschaften und Kirchen (1983, 1987 und 1990)**

	1983				1987				1990			
	STW		WW		STW		WW		STW		WW	
	%	abs.	%	abs.	%	abs.	%	abs.	%	abs.	%	abs.
	"starke"Parteineigung											
CDU/CSU	***59,1***	418	***31,3***	16	***60,8***	535	***44,4***	36	***65,4***	428	***33,3***	18
SPD	***57,9***	449	***51,7***	60	***54,5***	490	***56,1***	41	***57,8***	476	***41,4***	29
FDP	53,3	15	32,6	43	31,0	29	0	10	56,8	44	53,3	15
GRÜNE	58,3	12	33,3	9	64,9	57	50,0	8	60,4	53	60,0	15
andere		4		1		4		1		4		2
Alle	58,4	895	42,7	124	57,1	1115	44,8	96	61,1	1005	44,9	78
	Gewerkschaftsmitgliedschaft											
CDU/CSU	***11,5***	496	***24,0***	25	***18,0***	660	***20,0***	75	***11,7***	489	***22,9***	35
SPD	***27,0***	567	***29,0***	107	***38,2***	628	***29,5***	78	***21,2***	528	***18,2***	55
FDP	27,3	22	19,4	67	13,3	45	35,3	17	14,3	56	20,0	20
GRÜNE	28,6	14	33,3	9	29,7	74	5,9	17	15,3	59	4,2	24
andere		2		2		7		2		7		7
Alle	20,1	1101	25,7	210	27,5	1414	23,8	189	16,6	1139	16,4	140
	"seltene"Kirchgänger											
CDU/CSU	***36,1***	490	***52,4***	21	***41,1***	638	***52,1***	73	***29,0***	472	***31,4***	35
SPD	***57,6***	535	***61,8***	102	***58,8***	582	***58,8***	68	***50,5***	497	***55,8***	52
FDP	26,1	23	53,0	66	46,7	45	50,0	16	52,1	48	44,1	18
GRÜNE	100	11	88,9	9	72,1	61	56,3	16	59,1	44	50,0	22
andere		1		2		7		2		6		3
Alle	47,4	1060	59,5	200	50,6	1333	54,3	175	41,5	1067	46,6	131

Daß Wechselwähler auf jeden Fall weniger stark in politische, gewerkschaftliche und kirchliche Milieus eingebunden sind, stimmt bei differenzierter Betrachtungsweise nicht.

SPD-Wechselwähler sehen kaum einen Grund, ihr politisches, gewerkschaftliches oder kirchliches Engagement zu verändern: Stamm- und Wechselwähler unterscheiden sich zu den drei Wahl-Zeitpunkten kaum darin bzw. sehr viel weniger als die Stamm- und Wechselwähler der CDU/CSU. Die *CDU/CSU-Wechsel-*

wähler hingegen verringern im Vergleich zu den *CDU/CSU-Stammwählern* ihr parteipolitisches Engagement, gehen seltener in die Kirche, werden aber häufiger Gewerkschaftsmitglieder. Bei den (absolut wenigen) *Wechselwählern der FDP* und der *GRÜNEN* sind die Tendenzen nicht so eindeutig bzw. sehr stark wechseln

Das wesentliche Ergebnis in diesem Zusammenhang ist, daß SPD-Wechsler - im Gegensatz vor allem zu denen aus der CDU/CSU - offenbar wenig Anlaß sehen, die Intensität ihrer politischen, gewerkschaftlichen oder kirchlichen Neigungen zu reduzieren. Dies verstärkt das Bild des konfliktfähigen, in seiner politischen Orientierung sicheren Wählers. *Können* sich also andere Wechselwähler aus solchen traditionellen Bindungen lösen, *wollen* oder *brauchen* es die SPD-Wechsler offenbar nicht, nur weil sie - diesmal - eine andere Partei wählen. Für nicht-traditionelle bzw. alternative Gruppen und Bewegungen ist bei vielen Wechselwählern sogar zu beobachten, daß sie sich häufiger engagieren.

9.2 Alternative Milieus: Antikernkraft-, Friedens- und Frauenbewegung

Das Engagement in alternativen Milieus bzw. Bewegungen wurde nur 1987 erfragt und zwar in Bezug auf die Antikernkraft-, Frauen- und Friedensbewegungen.[11] Sehr viel mehr Wechselwähler von CDU/CSU und FDP gehören dazu als deren Stammwähler. Bei der SPD und den GRÜNEN gibt es jedoch kaum derartige Unterschiede, wobei zu berücksichtigen ist, daß Stamm- und Wechselwählern der GRÜNEN gleichzeitig sehr viel stärker in diesen alternativen Bewegungen engagiert als alle anderen. Die folgende Tabelle 12 enthält die Daten für diese Zusammenhänge.

---

11 Wortlaut der Fragen:
"Und nun noch etwas anderes: Betrachten Sie sich als Anhänger/Anhängerin der Anti-Kernkraft-Bewegung?" 1 ja 2 nein 9 keine Antwort (KA)
"Betrachten Sie sich als Anhänger/Anhängerin der Frauenbewegung?" 1 ja 2 nein 9 KA
"Betrachten Sie sich als Anhänger/Anhängerin der Friedensbewegung?" 1 ja 2 nein 9 KA

Tabelle 12: **Anhänger der Anti-Kernkraft-, Friedens- und Frauenbewegung unter Stamm- und Wechselwählern 1987**

	STW		WW		STW		WW		STW		WW	
	%	abs.	%	abs.	%	abs.	%	abs.	%	abs.	%	abs.
	Anti-Kernkraft				**Friedensbewegung**				**Frauenbewegung**			
CDU/CSU	5.6	660	32.0	75	12.3	660	32.9	73	4.4	656	21.6	74
FDP	8.9	45	41.2	17	22.2	45	35.5	17	6.8	44	23.5	17
SPD	30.4	625	32.1	78	34.7	625	32.1	78	13.3	622	16.7	78
GRÜNE	83.8	74	70.6	17	83.8	78	70.6	17	47.2	72	56.3	16
andere		7		2		3		2		7		2
Alle	21.0	1411	36.0	189	26.5	1411	35.8	187	10.8	1401	22.5	187

Die folgende Abbildung verdeutlicht Tabelle 12 grafisch.

Abbildung 29

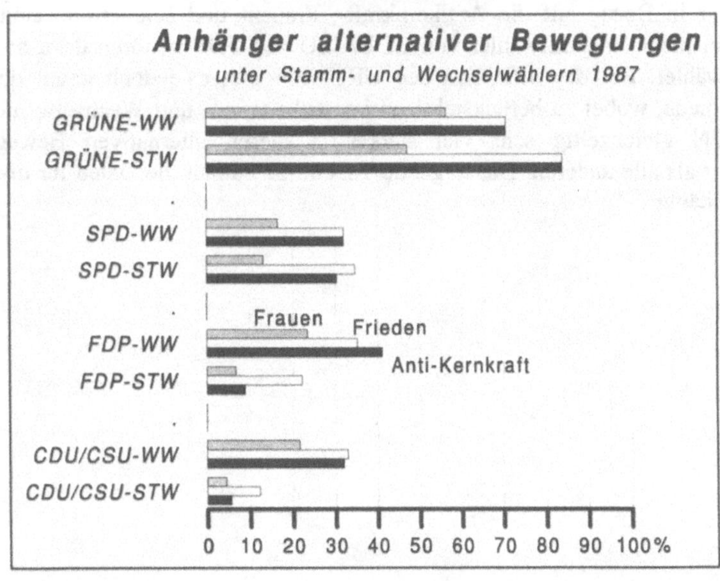

Weniger GRÜNE Wechsel- als Stammwähler sind Anhänger der Anti-Kernkraft- und Friedensbewegung, mehr sind es aber in der Frauenbewegung. Letzteres ist sicher darauf zurückzuführen, daß 1987 die GRÜNEN-Wechselwähler einen starken Frauenüberschuß hatten: 70% waren Frauen (vgl. Abb. 17). Übrigens ist es bei allen Wählergruppen keineswegs so, daß es nur Anhängerinnen der Frauenbewegung gibt. Tabelle 13 weist aus, daß Frauen dort zwar doppelt so häufig zu finden sind wie Männer, aber immerhin bezeichnen sich fast 7% aller männlichen Stamm- und 14% aller männlichen Wechselwähler als Anhänger der Frauenbewegung!

Tabelle 13: **Anhänger/-innen der Frauenbewegung unter Stamm- und Wechselwählern 1987**

	Stammwähler						Wechselwähler					
	männlich		**weiblich**		alle		**männlich**		**weiblich**		alle	
	%	abs.	%	abs.	%	abs.	%	abs.	%	abs.	%	abs.
CDU/CSU	***2.8***	325	***6.0***	331	4.4	656	***16.7***	30	***25.0***	44	21.6	74
FDP	0	25	15.8	19	6.8	44	10.0	10	42.9	7	23.5	17
SPD	***6.9***	305	***19.6***	317	13.3	622	***9.5***	42	***25.0***	36	16.7	78
GRÜNE	***41.5***	41	***56.8***	31	47.2	72	***40.0***	5	***63.7***	11	56.3	16
andere		4		3		7				2		2
Alle	***6.9***	700	14.7	701	10.8	1401	***13.8***	87	30.0	100	22.5	187

Nur bei den männlichen GRÜNEN-Wechselwählern gibt es im Vergleich mit den Stammwählern kein stärkeres Engagement für die Frauenbewegung, allerdings wiederum auf sehr hohem Niveau von etwa 40% männlicher Anhängerschaft! Bei den GRÜNEN Frauen *gibt* es diesen Unterschied auf noch sehr viel höherem Niveau: 57% der Stammwählerinnen und 64% der Wechselwählerinnen der GRÜNEN gehören der Frauenbewegung an.

Die SPD-Wechselwähler zeigen sich also auch in bezug auf diese alternativen Gruppierungen wiederum am "unbeweglichsten": ihr Engagement unterscheidet sich kaum von dem der SPD-Stammwähler. Obgleich sie sich ja mehrheitlich in ihrer Wahlentscheidung nach rechts orientieren, ist das für die kein Grund, sich von diesen Bewegungen abzuwenden, im Gegenteil: sie engagieren sich sogar etwas stärker. Vor allem aber tun das die CDU/CSU und FDP-Wechselwähler, die ja nach "links" rücken, die der GRÜNEN lassen wiederum eher nach in ihrem - allerdings sehr starken - Engagement.

Wenn sich Wechselwähler also aus Bindungen lösen, so betrifft dies offenbar nur die traditionellen Milieus. Die alternativen bzw. neuen sozialen Bewegungen hingegen locken eher ein Engagement hervor. Bindung "per se" ist für Wechselwähler der achtziger Jahre also offenbar nicht (mehr) das Problem, sondern nur, "welche". Dies zeigt sich jedenfalls, seitdem es Alternativen zu den etablierten traditionellen Organisationen und Interessenvertretungen gibt, und diese gibt es ja noch nicht so lange.

Die Entwicklung dieser Bewegungen und der aus ihnen hervorgegangenen Partei DIE GRÜNEN ist inzwischen vielfach beschrieben worden. Nur zwei Dinge sollen hier noch einmal betont werden. Bürgerinitiativen begannen in den siebziger Jahren Probleme u. a. der Umwelt, der Kernkraft und des Friedens zu artikulieren und öffentlich zu machen, die bisher nicht thematisiert bzw. für politikfähig gehalten wurden. Zudem taten sie dies in anderen, den bisherigen Konventionen häufig konträren Formen des politischen Handelns. Diese beschreiben *Karl-Werner Brand und Harro Honolka (1987, S. 5)* als ein politisches Organisationsprinzip,

> *"das durch basisdemokratische Elemente und einen unmittelbaren Bedürfnisbezug gekennzeichnet ist. Bei vielen Bevölkerungsgruppen, vor allem bei der Jugend, gewinnt es an Attraktivität gegenüber konventionellen Formen politischer Beteiligung in stärker bürokratisierten und hierarchisierten Verbänden und Parteien. Bürgerinitiativen stützen sich, anders als politische Parteien hierzulande, nicht auf eine ideologische Wert- oder Interessengemeinschaft ..., sondern auf eine problemspezifische, ideologische Fronten übergreifende 'Betroffenheit', (die) existentieller oder auch ideeller Natur sein kann. ... Seit Beginn der siebziger Jahre (ist) die generelle Bereitschaft merklich gestiegen, sich gegen die unmittelbar erfahrende oder drohende Beeinträchtigung der eigenen Lebensumstände ... kollektiv zur Wehr zu setzen".*

Engagement für solche Probleme und in solcher Form ist offenbar für viele Wechselwähler auch noch 1987 akzeptabel. Die etablierten Parteien, die ja inzwischen programmatisch "nachgezogen" haben, konnten aber damit *diese* Wählergruppen nicht überzeugen. Das wird besonders deutlich in den Reaktionen der Bürger und Politiker auf den Reaktorunfall in Tschernobyl.

10. Politische Einstellungen und politisches Interesse

10.1 Kernenergie nach Tschernobyl

Im September 1986, als die Befragung zur Bundestagswahl 1987 stattfand, lag der Reaktorunfall von Tschernobyl gerade fünf Monate zurück. Damals wurde zum ersten Mal vielen Menschen bewußt, welche Risiken mit dieser Technologie verbunden sind. Hinzu kam die Erkenntnis, wie wenig Politiker und öffentliche Organe auf allen Regierungs- und Verwaltungsebenen der Bundesrepublik auf eine solche Katastrophe vorbereitet sind. Zweifel an der Sicherheit und Kontrolle der Kernkraft waren offenbar bei vielen Bürgern die Konsequenz. Über zwei Drittel der Befragten (67,4%) glaubten - so die Frageformulierung - *"daß in einem deutschen Kernkraftwerk ein Unfall passieren kann, der schwere Folgen für die Bevölkerung hat"*.

Allerdings war die Bereitschaft der Bevölkerung, ein "Restrisiko" zu tragen und/oder der Kompetenz der für die Kernkraftwerke Verantwortlichen zu vertrauen, dann doch erstaunlich hoch. Nur 30% der Befragten waren dafür, die vorhandenen Kernkraftwerke stillzulegen, aber fast 62%, diese weiterhin zu nutzen. Für den Bau weiterer Kernkraftwerke sprachen sich allerdings nur 8% aus. Daß nur so wenige ein absolutes Vertrauen in die Kernkraft und ihre Betreiber haben, läßt sicher die Folgerung zu, daß die 62%, die Nutzung der *vorhandenen* Anlagen, aber keine weiteren wollen, keine prinzipiellen Befürworter der Kernkraft sind. Vermutlich sind es vor allem wohl auch ökonomische Erwägungen, die zu der Ansicht führen, einmal Vorhandenes zu nutzen, wenn auch nicht mehr zu ersetzen. Eine Frage nach der eigenen Meinung zur Kernenergie mißt die Intensität einer solchen Überzeugung.[12] Die Variation der Meinungen zur Kernergie, je nach politischer Orientierung, wird bei den Antworten auf diese Frage sehr deutlich. Abbildung 30 zeigt es für die Stammwähler der Parteien.

---

12 Wortlaut der Frage:
"Wir haben hier zwei gegensätzliche Forderungen aufgeschrieben. Bitte sagen Sie uns mit Hilfe dieser Skala, welche Meinung Sie dazu haben. Je stärker Sie eine der beiden Forderungen vertreten, desto näher gehen Sie mit Ihrem Kreuz an die entsprechende Seite.
Auch zu Frage der Kernenergie gibt es in der Öffentlichkeit gegensätzliche Auffassungen. Wie ist Ihre Meinung dazu? Bitte benutzen Sie diese Skala zum Ankreuzen."

1.....2.....3......4.....5.....6.....7

Weiterer Ausbau der Kernenergie — *Sofortige Abschaltung aller Kernkraftwerke*

Abbildung 30

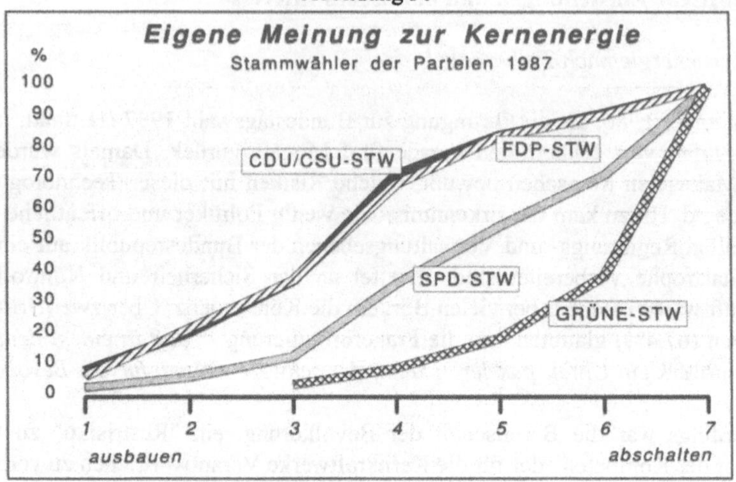

Die Stammwähler von CDU/CSU und FDP sind die stärksten Befürworter und unterscheiden sich darin fast nicht. Etwa 70% beider Gruppen befinden sich auf der Skala von *"1" (ausbauen) bis "7" (abschalten)* in dem Bereich bis zum "neutralen" Punkt *"4"*. Von den Stammwählern der SPD gehören zu diesen relativen Befürwortern unter 40%, von den GRÜNEN sogar unter 10%. Abbildung 31 zeigt, ob und bei wem sich diese Meinungen mit dem Wechsel des politischen Orientierung ändern.

Abbildung 31

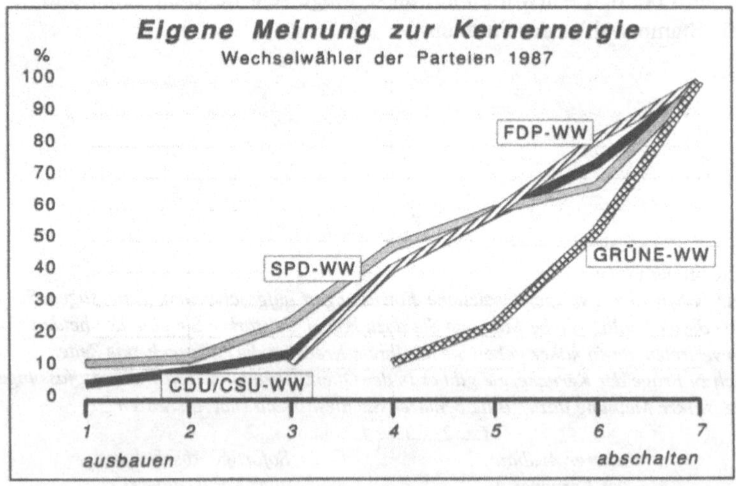

Besonders stark ändert sich die Meinung bei den Wechselwählern der CDU/CSU und FDP. Sie nehmen jetzt in etwa die Position der SPD-Stammwähler ein, haben also einen vergleichsweise "weiten" politischen Weg zurückgelegt. Nicht so die SPD-Wechsler: sie haben sich nur relativ geringfügig von den SPD-Stammwählern in Richtung einer etwas weniger starken Ablehnung der Kernenergie bewegt. Damit unterscheiden sich diese drei Wechselwählergruppen nur noch wenig untereinander aber vergleichsweise stark von den Stamm- und Wechselwählern der GRÜNEN. Diese sind sich nahezu vollständig einig, daß die Kernkraftwerke abgeschaltet werden sollten. Bei ihnen bewirkt eine Änderung der politischen Orientierung keine Meinungsänderung in dieser Frage.

Bisher haben alle Analysen gezeigt, daß es *den* Wechselwähler keineswegs gibt. Nach demographischen Merkmalen, sozialer und parteipolitischer Herkunft, sind Wechselwähler keineswegs homogen. Nicht überaschend unterscheiden sich deshalb auch die politischen Orientierungen, Neigungen und Sympathien der verschiedenen Wechselwählergruppen in charakteristischer Weise. Auch die verbreitete Vermutung, Wechselwähler hielten einen deutlichen Abstand zu politischen und anderenen sozialen Organisationen und Gruppen, trifft in dieser Allgemeinheit nicht zu. Dies zeigt vor allem das starke Engagement vieler Wechselwähler in alternativen Gruppen und Bewegungen. Ihren Anhängern kommt das Verdienst zu, das Bewußtseins der politischen Öffentlichkeit für ökologische, friedenspolitische und soziale Probleme der Diskriminierung gesellschaftlicher Gruppen geweckt zu haben. Das Engagement vieler Wechselwähler in der Bundesrepublik für die Lösung solcher Probleme ist deshalb auch eher als Beweis der Nähe und nicht der Distanz zum "real existierenden" politischen System der Bundesrepublik zu interpretieren, worauf im folgenden Kapitel näher eingegangen wird.

10.2 Politisches System und Regierung

Es gehört sicher zu den Voraussetzungen der Stabilität von Demokratien, daß die Bürger mehr Vertrauen in das politische *System* und seine Institutionen haben (können) als in eine (gegenwärtige) *Regierung*. 1983 wurde dies bei der Beantwortung der Fragen nach der Gerechtigkeit und Fairneß des politischen Sytems der Bundesrepublik und der gegenwärtigen Regierung bestätigt. Zwei Drittel (65%) aller Befragten stimmten voll oder weitgehend der Aussage zu, daß sich die derzeitige Regierung gerecht und fair verhält, und 83% sind von der prinzipiellen Fairneß des politischen Systems überzeugt.[13] Stamm- und Wechselwähler sehen das ebenso: bei ihnen findet auch das politische System höhere Zustimmung (wenn auch unterschiedlich stark ausgeprägt) als die derzeitige Regierung, allerdings mit Ausnahme der Stammwähler der CDU/CSU. Sie machen (oder sehen) da offenbar keinen Unterschied: für sie ist die derzeitige Regierung mit dem System identisch, wie die folgende Abbildung zeigt.

Abbildung 32

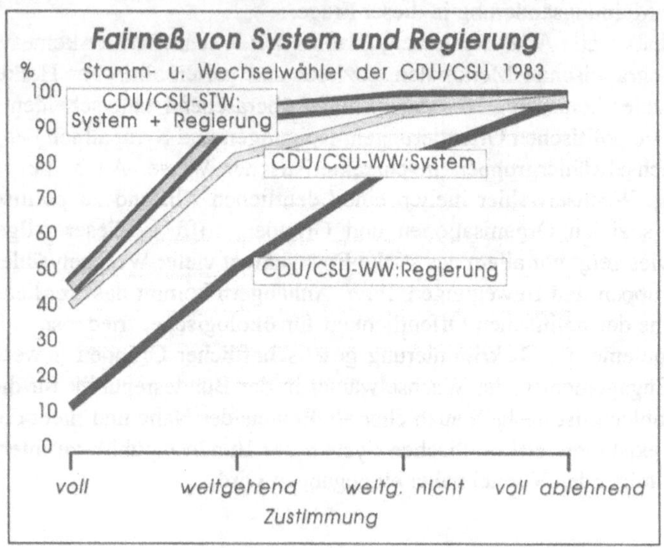

---

13 **Wortlaut der Fragen:**
<u>Fairneß der Bundesregierung</u>
"Denken Sie nun bitte einmal an unsere Bundesregierung. Auf dieser Liste hier steht eine Aussage darüber, wie man die gegenwärtige Bundesregierung beurteilen kann. Sagen Sie mir bitte, ob Sie damit voll übereinstimmen, weitgehend übereinstimmen, oder ob Sie (sie) weitgehend ablehnen, bzw. voll und ganz ablehnen: Die gegenwärtige Bundesregierung verhält sich gerecht und fair."
1 stimme damit voll überein 2 stimme damit weitgehend überein
3 lehne ich weitgehend ab 4 lehne ich voll und ganz ab 9 weiß nicht

<u>Fairneß des politischen Systems</u>
"Und wie ist es mit der Art des politischen Systems, das wir hier in unserem Lande haben? Beurteilen Sie auch dies wieder mit Hilfe der Skala: Das politische System der Bundesrepublik ist gerecht und fair." **(Skala wie oben)**

Etwa 95% aller *CDU/CSU-Stammwähler* sind voll oder weitgehend der Meinung, daß sowohl das politische System als auch die derzeitige CDU/CSU-Regierung fair und gerecht sind. Bei den *CDU/CSU-Wechselwählern* hingegen verlieren System und Regierung an Vertrauen, das System zwar weniger stark als die Regierung, aber doch deutlich. Nur noch gut 50% der CDU/CSU-Wechselwähler halten die derzeitige Regierung für fair, aber mehr als 80% das System.

Bei den *SPD-Wechselwählern* (Abbildung 33) zeigt sich die inzwischen zu erwartende Reaktion: sie halten das System nahezu für ebenso fair und gerecht wie die Stammwähler. Sie ändern ihre Meinung über das politische System keineswegs, wenn sie eine andere Partei wählen. Die derzeitige *CDU/CSU/FDP-Regierung* wird aber - erwartungsgemäß - von den SPD-Wechselwählern besser beurteilt, die ja mehrheitlich diesmal CDU/CSU wählen wollen.

Abbildung 33

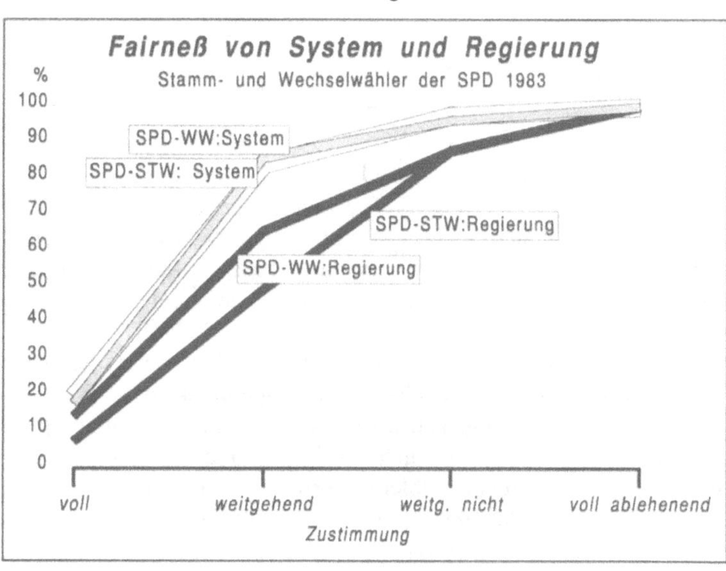

Die *Stamm- und Wechselwähler der FDP* urteilen ähnlich wie die der SPD: 90% halten das politische *System* für gerecht und fair. Die *Regierung* kommt bei den FDP-Wechslern erwartungsgemäß schlechter weg, da sie ja die mitregierende FDP (diesmal) nicht wählen wollen.

Abbildung 34

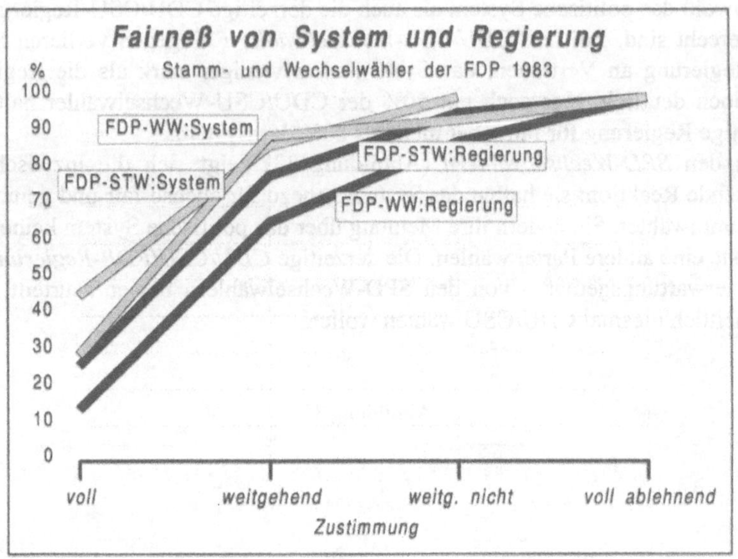

Das Meinungsbild der *Stamm- und Wechselwähler der GRÜNEN* über System und Regierung unterscheidet sich deutlich von allen anderen, wie die folgende Abbildung 35 illustriert. Zwar halten beide auch das System für fairer als die Regierung, aber die *GRÜNEN-Stammwähler* tun dies auf einem vergleichsweise niedrigen Niveau. Nur etwa 50% von ihnen stimmen "weitgehend" ("voll" niemand!) zu, daß das *System* gerecht und fair sei, aber nur etwa 8% haben diese Meinung von der derzeitigen *Regierung*, was einer totalen Ablehnung gleichkommt.

GRÜNE-Wechselwähler hingegen akzeptieren System und Regierung in ähnlich hohem Maße wie die meisten der anderen Wähler und unterscheiden sich damit sehr von den GRÜNEN-Stammwählern. Besonders bemerkenswert ist die hohe Akzeptanz des politischen *Systems* durch 90% der GRÜNEN-Wechselwähler angesichts des geringen Anteils von 50% bei den GRÜNEN-Stammwählern!

Abbildung 35

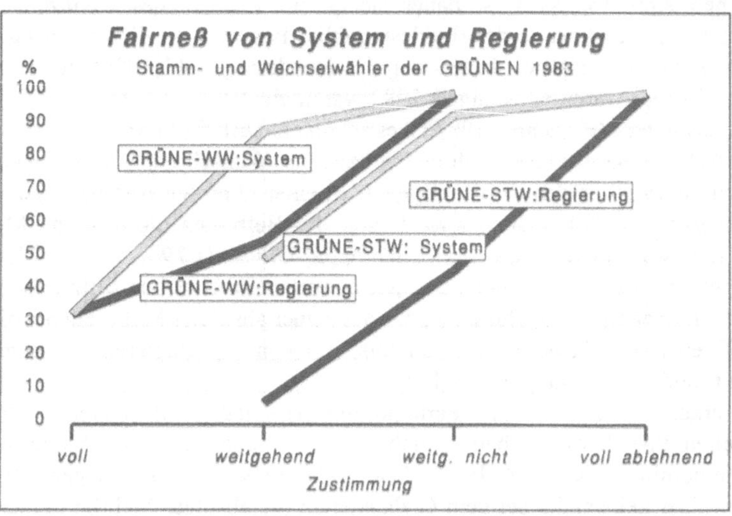

Ihrer hohen Akzeptanz des politischen Systems der Bundesrepublik - das hat diese Analyse gezeigt - sind sich also Stamm- und Wechselwähler von SPD und FDP am sichersten. Sie bewegen sich innerhalb eines politischen Systems, das sie auch dann nicht anders beurteilen, wenn sie Regierungen auswechseln möchten!

Wechselwähler der CDU/CSU hingegen fühlen sich offenbar irritiert. Da für die Stammwähler der CDU/CSU System und Regierung identisch sind, löst der Wechsel eine Abwertung beider aus. Gleichzeitig wird aber wohl auch ein Lernprozeß ausgelöst, der zur Unterscheidung zwischen dem (höher bewerteten) System und der derzeitigen Regierung führt.

Während also SPD- und FDP-Wechselwähler ihre Meinung über das System nicht ändern, die der CDU/CSU (etwas) skeptischer werden, bewegen sich die GRÜNEN-Wechselwähler in die entgegengesetzte Richtung: sie bewerten das politische System positiver als GRÜNE-Stammwähler. Sie wenden sich also dem System (wieder?) voll zu, wenn sie sich (bei der Wahl) von den GRÜNEN abwenden!

10.3 Absolute Mehrheiten

Wir hatten zu Beginn festgestellt, daß das Wahlsystem der Bundesrepublik - eine Mischung von Verhältnis- und Mehrheitswahl - absolute Mehrheiten einer Partei erschwert. Tatsächlich hat es auch nur einmal bei der Bundestagswahl 1957 eine solche (für die CDU/CSU) gegeben. Der Zwang zu Koalitionen und damit auch zu politischen Kompromissen ist daher sicher ein wesentliches Kennzeichen der politischen Entwicklung in der Bundesrepublik. Positiv wird dieser Zwang inzwischen von fast der Hälfte (46,8% vor der Bundestagswahl 1990) der Befragten gesehen. Vorher waren es weniger: 1983 waren ein Viertel (25,6%) der Befragten Gegner absoluter Mehrheiten, 1987 ist es schon ein Drittel (34,3%).[14]

Die Ablehnung absoluter Mehrheiten bzw. der Wunsch nach Koalitionen steigt noch unmittelbar vor dem Wahlzeitpunkt. In einer Umfrage wenige Tage vor der Bundestagswahl 1990 wollten zwei Drittel der Befragten die absolute Mehrheit einer Partei verhindern *(Max Kaase, Wolfgang Gibowski 1991, S. 12).* Man kann eine solche Gegnerschaft unterschiedlich bewerten. Aber neben Mißtrauen gegenüber der Herrschaft von Mehrheiten, haben Gegner absoluter Mehrheiten wohl auch ein differenziertes Demokratieverständnis, das von den Regierenden permanente Konflikt- und Konsenfähigkeit fordert.

Bemerkenswert ist - auch für Parteipolitiker(!) -, daß es solche Gegner absoluter Mehrheiten einer Partei zu beträchtlichen Anteilen auch unter den Stammwählern gibt. Immerhin fühlen sich 1983 22%, 1987 32% und 1990 sogar 43% aller Stammwähler keinesfalls bei dem Gedanken an die absolute Mehrheit einer Partei sonderlich wohl, wie Tabelle 14 zeigt.

Tabelle 14: **Gegner absoluter Mehrheiten unter Stamm- und Wechselwählern (1983, 1987 und 1990)**

	1983				**1987**				**1990**			
	STW		**WW**		**STW**		**WW**		**STW**		**WW**	
	%	abs.	%	abs.	%	abs.	%	abs.	%	abs.	%	abs.
CDU/CSU	16,8	505	45,2	22	28,4	656	53,3	75	35,0	489	82,9	35
SPD	23,2	570	48,6	107	26,2	628	51,3	78	42,1	530	70,4	54
FDP	65,2	23	36,4	66	79,5	45	52,9	17	80,8	55	75,0	20
GRÜNE	88,2	17	33,3	9	77,0	74	47,1	17	81,4	59	79,2	24
andere		3		2		7		2		7		7
Alle	***22,3***	1118	***43,2***	206	***31,6***	1410	***51,3***	189	***43,2***	1140	***75,7***	140

Unter den Wechselwählern lehnen inzwischen die meisten absolute Mehrheiten ab: 1983 noch 43%, 1987 51% und 1990 sogar 75%! Dabei ist es (fast) unerheblich, von welcher Partei sie kommen, wie Abbildung 36 noch einmal verdeutlicht.

14 Wortlaut der Frage:
"Halten Sie es für gut, wenn bei der Bundestagswahl eine der großen Parteien, die SPD oder die CDU/CSU, die absolute Mehrheit erhält, oder halten Sie das nicht für gut?"
1 gut, SPD 2 gut, CDU/CSU 3 nicht gut 9 keine Antwort

Abbildung 36

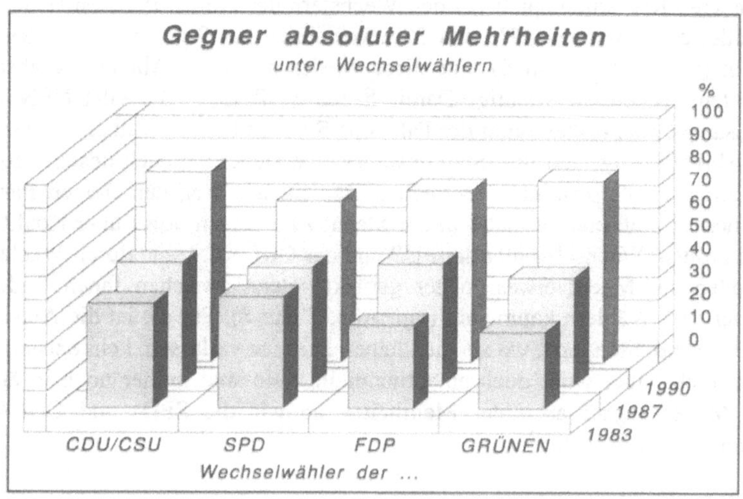

Die Stammwähler unterscheiden sich erwartungsgemäß stärker: vor allem die der (bisher) nicht mehrheitsfähigen FDP und GRÜNEN sind gegen absolute Mehrheiten. Bei den Stammwählern von SPD und CDU/CSU ist es eine Minderheit, die aber kontinuierlich gewachsen ist, wie die folgende Abbildung illustriert.

Abbildung 37

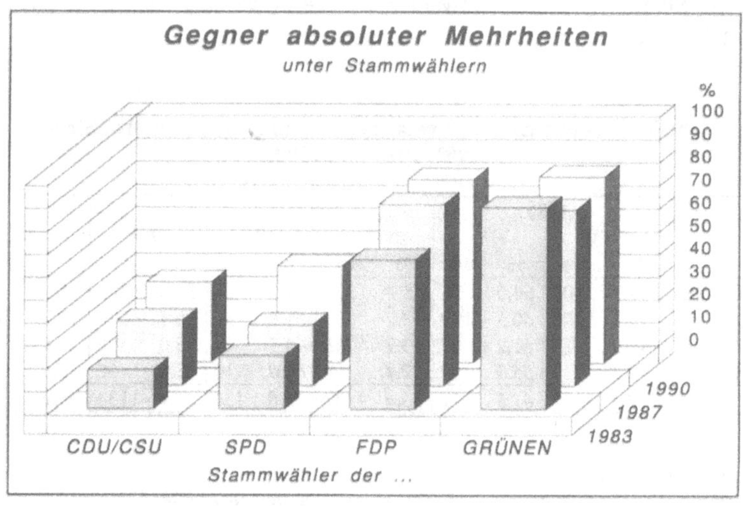

Neben der prinzipiellen Ablehnung absoluter Mehrheiten oder dem Wunsch nach einer anderen Regierung spielt bei den Wechslern der großen Parteien sicher auch eine Rolle, daß zwischen 30% und 50% von ihnen zur FDP und den GRÜNEN wechseln (vgl. Abb. 5 und 6). Für diese wiederum ist die Ablehnung absoluter Mehrheiten existentiell wichtig. Damit haben FDP und DIE GRÜNEN etwas Gemeinsames, was bisher kaum der Fall war! Sie sind beide - realistisch gesehen - nicht mehrheitsfähig, und ihre Stammwähler sind sicherlich auch deshalb zu über drei Vierteln gegen absolute Mehrheiten. Der einzige Weg der kleinen Parteien, politischen Einfluß und Teilhabe an der Macht zu erlangen, führt über Koalitionen mit den großen. Wechselwähler der FDP und der GRÜNEN sind durch Wechsel zu den großen der Macht etwas "näher gerückt", denn zwischen ihnen findet ein Austausch von Wählern kaum statt (vgl. Abb. 7 und 8). Für sie ist die Ablehnung absoluter Mehrheiten jetzt, wo sie die kleinen Parteien verlassen, kein existentielles Problem mehr, aber wohl doch ein prinzipielles: sie sind immer noch in ähnlich hohem Maße Gegner absoluter Mehrheiten ab wie die SPD- und CDU/CSU-Wechsler (vgl. Abb. 36).

10.4 Politisches Interesse

Nach dem, was bisher über die Wechselwähler zu erfahren war, ist die oft in der politischen und wissenschaftlichen Diskussion geäußerte Vermutung doch sehr plausibel, daß Wechselwähler ein besonderes politisches Interesse haben (müssen). Die Daten unterstützen diese Vermutung nur teilweise, zumindest in der allgemeinen Form, in der politisches Interesse erhoben wurde.[15] Tabelle 15 enthält die Anteile der Stamm- und Wechselwähler, die die Frage nach dem politischen Interesse mit "ja" beantworteten.

Tabelle 15: **Politisches Interesse bei Stamm- und Wechselwählern (1983, 1987 und 1990)**

	1983				1987				1990			
	STW		WW		STW		WW		STW		WW	
	%	abs	%	abs.	%	abs.	%	abs.	%	abs.	%	abs.
CDU/CSU	48.7	507	64.0	25	55.6	532	53.7	54	67.8	490	65.7	35
SPD	49.3	575	60.5	109	52.7	509	51.8	56	58.1	530	72.2	54
FDP	47.8	23	61.2	67	63.2	38	64.3	14	75.0	56	80.0	20
GRÜNE	***82.3***	17	***55.5***	9	***72.4***	58	***80.0***	10	***63.8***	58	***75.0***	24
Alle	***49.6***	1125	***61.3***	212	***55.4***	1137	***56.0***	134	***63.4***	1134	***70.6***	133

15 Wortlaut der Frage:
"Einmal ganz allgemein gesprochen, interessieren Sie sich für Politik?"
1 ja 2 nicht besonders 3 nein, gar nicht

Zwischen 1983 und 1990 ist das politische Interesse generell bei fast allen angestiegen. Nur 1983 gaben mehr Wechsel- als Stammwähler an, politisch interessiert zu sein. 1983 war die "Wende-Wahl", mit der der bereits 1982 vollzogene Regierungswechsel durch die Wähler legitimiert wurde. Vielleicht erweckte diese politische Lage größeres Interesse vor allem bei solchen Wähler, die sich mit der Absicht trugen, diesmal eine andere Partei zu wählen

Aber generell trifft die Vermutung, daß sich mehr Wechsel- als Stammwähler für Poltitik interessieren, nicht immer zu: bei den GRÜNEN ist es 1983 sogar umgekehrt und 1987 gleich. Darüber hinaus spielen sich diese Unterschiede, soweit vorhanden, doch auf einem sehr hohen Niveau ab: zwischen 50% und 80% der Wähler der verschiedenen Gruppen äußern - mit wachsender Tendenz - politisches Interesse, das der Wechselwähler ist es nur nicht noch höher.

11. Politische Inhalte und Probleme: "Issues"

Zum Schluß befassen wir uns mit politischen Inhalten und Problemen und der Rolle, die sie für Wahlentscheidungen spielen. Der Stand der Diskussion in der Wahlforschung [16] ist wohl inzwischen der, daß politische Inhalte ("Issues") von steigender Bedeutung für Wahlentscheidungen werden, wenn traditionelle und affektive Bindungen an Prägekraft für politische Orientierungen und politisches Handeln verlieren. Dann wird der Wähler sozusagen frei für sachlich bzw. "rational" motivierte (Wahl-) Entscheidungen. Dieses "Issue-Voting" bedeutet, daß der Wähler sich für diejenige Partei entscheiden (kann), der er eine höhere Kompetenz für die Lösung anstehender politischer Probleme zutraut. Ist dies eine andere Partei als bisher, wird er zum Wechselwähler. Können wir also den Wechselwähler als Prototyp des rationalen Wählers identifizieren? Wohl nicht, denn es gibt noch einen anderen - nach *Hans Rattinger (1980, S. 56)* - wirklich "rationalen" Wähler. Dieser entscheidet sich *trotz* traditioneller und/oder affektiver Bindungen an eine Partei für eine andere, da er von deren politischer Kompetenz stärker überzeugt ist und nicht, weil er solche Bindungen nicht (mehr) hat.

Frühere Versuche, einen "rationalen" Wählertyp dieser Art zu finden, ergaben, daß er zu einem *"verschwindend kleinen Teil der Gesamtwählerschaft"* gehört *(ebenda). Hartmut Garding (1978)* identifizierte einen solchen unter CDU/CSU-Anhängern, die 1972 wegen der Ostpolitik für die sozial-liberale Koalition stimmten. Für "rationales" Wahlverhalten scheint also einmal die Abwesenheit von "irrationalen" Bindungen, ein anderes Mal das Gegenteil Voraussetzung zu sein. Es ist schon früher vermutet worden, daß ein Grund für diese Widersprüche in der Verwendung eines Rationalitätsbegriffes liegen könnte, der für die reale Entscheidungssituation eines Wählers nicht brauchbar ist *(Ute Kort-Krieger 1986, S. 292f)*. Einige Argumente seien im Folgenden wiederholt.

Der Diskussion über den rationalen Wähler liegt im wesentlichen der Realitätsbegriff des *homo oeconomicus* nach *Anthony Downs (1957)* zugrunde. Bei dessen Entscheidungen sind theoretisch Nutzenerwägungen ausschlaggebend. Auf den politischen "Markt" übertragen, fiele die Wahl auf die Partei, die als "Anbieter" dem Wähler glaubhaft macht, über größere Problemlösungskompetenz als andere zu verfügen. Das Nutzenkalkül des Wählers basiert dann entweder auf seinen Erfahrungen mit bisherigen Leistungen der Parteien *("retrospective voting")* oder zukünftigen Erwartungen in deren Kompetenz *("prospective voting"). Morris P. Fiorina (1981)*, der diese Differenzierung des Issue-Voting entwickelte, kritisierte zugleich die radikalisierte bzw. vereinfachte Anwendung des Downs'schen Rationalitätsbegriffes.

---

16 Diese Diskussion soll hier nicht wiederholt werden; sie wurde vielfach beschrieben. Ein guter Überblick - vor allem für die "Suche nach dem rationalen Wähler" - ist bei *Hans Rattinger 1980* zu finden.

"To Downs, the world of perfect information, certainty, and zero decision-making costs (is) a poor approximation to a world in which candidates obfuscate and equivocate, where the future is unknown or even unknowable and citizens have little time left for politics after earning their daily bread. To Downs, the rational citizen (maximizes) the net benefit of his voting decision. ... Rationality (demands) many of the behavioral patterns political scientists take to be evidence of irrationalitiy." (a.a.O., S. 189f).

In der Realität bestehen also die Entscheidungen der Wähler und sicher ebenso die der Politiker(!) aus rationalen bzw. sachlich motivierten Kalkülen *und* irrationalen bzw. affektiv und/oder tradionell beeinflußten Elementen.

Und noch eins macht die Suche nach dem "reinen" rational motivierten *"Issue-Voting"* in der politischen Realität wohl vergeblich. Die reale politische Entscheidungssituation des Wählers besteht in der Regel ja darin (und dies wird häufig in Untersuchungen, die nur einzelne oder wenige issues bzw. politische Probleme einbeziehen, nicht deutlich), daß er sich mit *vielen* politischen Problemen konfrontiert sieht: in der Realität ebenso wie in den Fragebogen der Demoskopen! Der Wähler wird möglicherweise aufgrund "rationaler" Erwägungen zu der Überzeugung kommen, daß je nach Issue unterschiedliche Parteien kompetent sind. Beispielsweise mögen viele Wähler in den siebziger Jahren der SPD in der Ostpolitik Kompetenz zugetraut haben, als Hüter liberaler Rechts- und Staatsauffassung oder Garant innerer Ruhe und Ordnung aber keineswegs *(Hans D. Klingemann 1972, S. 244)*. Der Bürger kann aber letztendlich nur *eine* Partei wählen. Seine Entscheidung wird also, soweit sie von den Issues abhängt, ein Kompromiß aus vielen mehr oder weniger "rationalen" Erwägungen sein. *Karl-Heinz Reuband (1985)* meint, daß die Wähler unter derartigen Umständen dazu neigen, das jeweils kleinere Übel zu wählen. Dies wäre dann

"eine Partei, mit der man in bestimmten Issues nicht übereinstimmt, in anderen - möglichst zahlreichen und hoch bewerteten - dagegen konform geht" (a.a.O., S. 301).

Ausschlaggebend für die Wahlentscheidung bzw. das "kleinere Übel" ist demnach die subjektive Gewichtung der Issues. Dieser "rationale" Wähler sortiert sozusagen die Probleme nach der Bedeutung, die er ihnen zumißt und schaut, welchen Parteien oder Regierungen er im Hinblick darauf mehr zutraut. Er wählt dann die Partei, die glaubhaft macht, die für den Wähler wichtigsten Probleme lösen zu können. Issues dieser Art, die der Wähler nach Wichtigkeit unterscheidet, werden als "Valenz-Issues" bezeichnet. Über deren Lösungsnotwendigkeit bestehen keine Zweifel: z. B. daß Probleme der Arbeitslosigkeit, der innerstaatlichen Ruhe und Ordnung und der europäischen Einigung gelöst werden müssen. Für den Wähler geht es nur noch um zwei Dinge: für wie wichtig er jeweils die einzelnen Probleme hält, und welcher Partei bzw. Regierung er größere Kompetenz bei deren Lösung zutraut. Derartige Valenz-Issues liegen den folgenden Analysen zugrunde.

"Positions-Issues" hingegen sind umstrittene politische Themen, zu denen Bürger, Parteien und Politiker unterschiedliche Meinungen haben (können). Die

Ostpolitik der sozial-liberalen Koalition und die Nachrüstung *(Karl-Heinz Reuband 1985)* waren solche kontroversen Positions-Issues und 1990 sicher auch die Art, wie die Wiedervereinigung vollzogen werden sollte. Insgesamt gab es aber in der Entwicklung der Bundesrepublik wenige derartige Positions-Issues, wohl vor allem deshalb, weil der politische Grundkonsens doch vergleichsweise hoch ist. Probleme wie die bei Wahlen in Großbritannien immer wiederkehrende grundsätzliche Debatte um Nationalisierung bzw. Privatisierung von Industrien, sind in der Bundesrepublik kaum denkbar.

In der vorliegenden Analyse geht es also im wesentlichen um Valenz-Issues. Damit aber polititische Probleme für Wähler überhaupt entscheidungsrelevant werden können, müssen sie zunächst als solche wahrgenommen und für wichtig gehalten werden. Darüber hinaus muß der Wähler sie mit politischen Fähigkeiten von Parteien oder Regierungen in Zusammenhang bringen *(Angus Campbell et al. 1960, David Butler et al. 1969, Hans D. Klingemann 1972)*. Hierzu wurde den Befragten eine Reihe politischer Probleme vorgelegt, deren Wichtigkeit sie zunächst einschätzen sollten.[17] Danach entschieden diejenigen, denen das jeweilige Problem "sehr wichtig" oder "wichtig" war, welcher Regierung oder Koaltion sie die Lösung dieser Probleme am ehesten zutrauen.[18] Die vorgelegten Issues gehörten zur Innen-, Außen- Wirtschafts- und Umweltpolitik. Je nach politischer und wirtschaftlicher Lage spielten in den drei Jahren zum Teil andere Issues eine Rolle; 1990 kamen die Probleme der deutschen Einheit hinzu. Tabelle 16 enthält eine Zusammenstellung aller erhobener Issues in den Befragungen zu den Bundestagswahlen 1983, 1987 und 1990. Die Abkürzungen werden in den folgenden grafischen Darstellungen verwendet.

---

17 Wortlaut der Frage:
"Wir haben hier eine Reihe von Aufgaben und Zielen, über die in der Bundesrepublik gesprochen wird. Sagen Sie uns bitte für jeder dieser Aufgaben, ob Sie Ihnen persönlich - sehr wichtig -wichtig - nicht so wichtig - bzw. ganz unwichtig erscheint."
Die Wirtschaft ankurbeln: 1 Sehr wichtig 2 Wichtig 3 Nicht so wichtig 4 Ganz unwichtig 5 Bin dagegen
Die übrigen Aufgaben, wie sie 1983, 1987 und 1990 erfragt wurden, enthält die Tabelle 15.

18 Wortlaut der Frage:
(Falls Befragte(r) Aufgaben und Ziele als "sehr wichtig" bzw. "wichtig" einstuft):
"Wer ist am besten geeignet, das jeweilige Problem zu Ihrer Zufriedenheit zu lösen? Glauben Sie, daß das eher die jetzige CDU/CSU-FDP- Bundesregierung kann oder könnte das eher eine SPD-geführte Bundesregierung?"
1 CDU/CSU-FDP-Bundesregierung 2 SPD-geführte Bundesregierung 3 Beide 4 Keine 9 keine Antwort 0 trifft nicht zu

Tabelle 16: **Issues der Bundestagswahlen 1983, 1987 und 1990**

		Bundestagswahl		
		1983	1987	1990
Wirtschaftspolitik				
ARBEIT	Die Arbeitslosigkeit bekämpfen	x	x	x
PREISE	Für stabile Preise sorgen	x	x	x
RENTEN	Die Renten sichern	x	x	x
SCHULDEN	Die Staatsschulden abbauen	x	x	-
WIRTSCH.	Die Wirtschaft ankurbeln	-	x	x
WOHNEN	Die Lage auf dem Wohnungsmarkt verbessern	-	-	x
Innenpolitik				
R&O	Für Ruhe und Ordnung in der Bundesrepublik sorgen	x	x	x
UMWELT	Für wirksamen Umweltschutz sorgen	x	x	x
BÜRGER	Den Bürgern mehr Einfluß auf die Entscheidungen des Staates einräumen	x	x	-
Außenpolitik				
USA	Für ein gutes Verhältnis zu den USA sorgen	x	x	x
EUROPA	Die politische Einigung der europäischen Gemeinschaft vorantreiben	-	x	-
SOWJET	Die Beziehungen zur Sowjetunion verbessern	-	x	x
OSTEUR.	Die Beziehungen zu den osteuropäischen Staaten verbessern	x	-	-
DDR	Die Beziehungen zur DDR verbessern	x	x	-
OSTREF.	Den osteuropäischen Ländern bei ihren Reformen wirtschaftlich helfen	-	-	x
DeutscheEinheit				
KOSTEN	Die Kosten der deutschen Einheit bewältigen	-	-	x
OST	Die Lebensbedingungen in Ostdeutschland (der ehemaligen DDR) rasch verbessern	-	-	x
WEST	Dafür sorgen, daß sich die Lebensbedingungen in Westdeutschland nicht verschlechtern	-	-	x

11.1 Valenzen: wie wichtig sind politische Probleme?

Der bereits angesprochene hohe politische Grundkonsens in der Bundesrepublik ist auch bei der Einschätzung der Wichtigkeit politischer Probleme durch die Wähler in den drei Jahren in zweifacher Hinsicht zu erkennen. Zum einen sind für die weit überwiegende Mehrheit (meist über zwei Drittel) aller Wählergruppen die vorliegenden politischen Probleme "wichtig" oder "sehr wichtig". Zum zweiten läßt sich ebenso bei allen - auf diesem hohen Niveau - eine zwar geringe, aber inhaltlich gleiche Abstufung feststellen. Die Wichtigkeit aller wirtschaftspolitischen Probleme und seit 1987 der Umweltpolitik steht an erster Stelle. Es folgen die innenpolitischen und seit 1990 die Probleme der deutschen Einheit, und erst zum Schluß werden außenpolitische genannt. Diese Reihenfolge der Wichtigkeit politischer Probleme ist seit längerem festzustellen *(Ute Kort-Krieger 1986, S. 298f)*. Sie werden immer angeführt von den

> *"...'bread and butter issues', die jeden im Alltag in seiner persönlichen Lebensführung berühren und für ihn mit unmittelbaren Konsequenzen verbunden sind" (Karl-Heinz Reuband 1975, S. 303)*

In den folgenden Grafiken sind die Issues nach abnehmender Wichtigkeit geordnet. Die beiden folgenden Abbildungen 38 und 39 illustrieren am Beispiel der Bundestagswahl 1990 zum einen die hohe Übereinstimmung der Wählergruppen, mit der Ausnahme der GRÜNEN-Stammwähler! Zum anderen wird auch die Gemeinsamkeit in der Rangfolge deutlich, beginnend mit den *"bread-and-butter-issues"* der Wirtschaftspolitik, gefolgt von der Innen- und Außenpolitik.

Abbildung 38

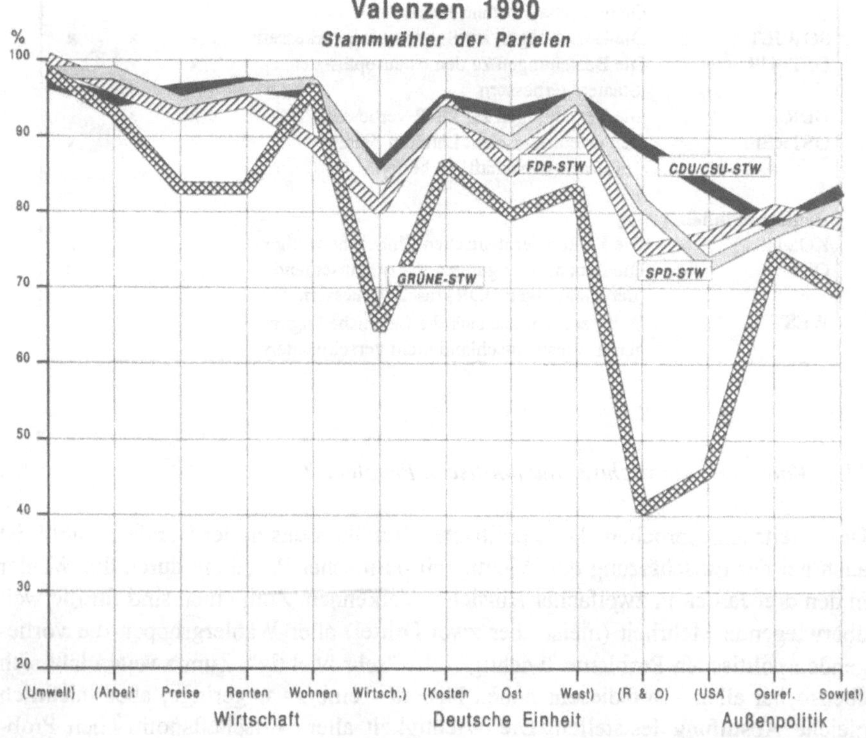

Abbildung 39

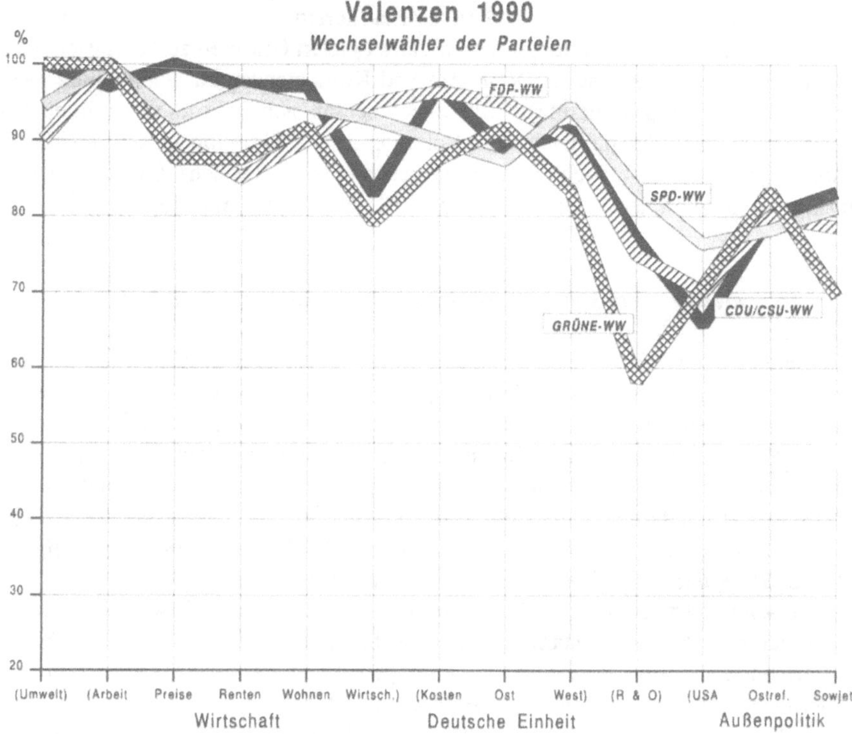

Für die Stammwähler der GRÜNEN sind die meisten Probleme weniger wichtig als für die anderen: 1990 machten sie nur bei der Umwelt- und Wohnungspolitik Ausnahmen (vgl. Abb. 38). Hier werden sicher die starken Unterschiede der politischen, ökonomischen und sozialen Wertvorstellungen und Prioritäten der sich als Alternative zu den etablierten Parteien verstehenden GRÜNEN deutlich. Die *Wechselwähler* der GRÜNEN unterscheiden sich aber fast nicht mehr von denen anderer Parteien und alle nur wenig von den Stammwählern (vgl. Abb. 39).

Damit zeigen Wechselwähler kaum eine Tendenz, sich einer "klassischen" Strategie zu bedienen, um Dissonanzen, die man bei politischem Wechsel empfinden könnte, zu reduzieren *(Leon Festinger 1950)*. Eine solche Strategie hatte ja *Paul Lazarsfeld (1969)* bei Wählern unter *"cross-pressures"* festgestellt. Um den Konsequenzen widersprüchlicher Einflüsse und Informationen zu entgehen, werteten sie politische Probleme als ihnen nicht (mehr) so wichtig ab *(a.a.O., S. 23)*.

Bei den Wechselwählern unserer Analyse ist ein solches Vermeidungshandeln aber nicht festzustellen. Die Wechselwähler der GRÜNEN passen sich allerdings an, aber in der Form, daß sie die Prioritäten der Etablierten (wieder?) übernehmen.

Um den Text der Abhandlung nicht mit allzu vielen Grafiken zu überlasten, sind die Ergebnisse der Analyse der Valenzen und Kompetenzen zu den Wahlen 1983 und 1987 im Anhang aufgeführt.[19] Sie unterscheiden sich zwar teilweise in einzelnen Issues je nach der politischen und ökonomischen Situation in den jeweiligen Jahren (vgl. Tab. 15), jedoch nicht in der beschriebenen Tendenz der hohen Übereinstimmungen und der Abweichungen der GRÜNEN-Stammwähler.

11.2 Kompetenzen: Wer kann die politischen Probleme (besser) lösen?

Aus vielen Untersuchungen zum *"Issue-Voting"* ergibt sich, daß die Mehrheit der Wähler derjenigen Partei oder Regierung die höchste Problemlösungskompetenz zutraut, die sie sowieso präferiert und in aller Regel auch wählen will. Die Bindung an eine Partei präformiert das Urteilsvermögen des Wählers dermaßen, daß dieses lediglich eine Widerspiegelung seiner politischen Präferenzen, aber nicht seiner politischen Urteilsfähigkeit darstellt *(Max Kaase 1973, S. 155; Hans D. Klingemann 1972a; S. 246, Ute Kort-Krieger 1986, S. 292; Uwe Schleth u. Erich Weede 1972, S. 88; Rainer Olaf Schultze 1975; Manfred Berger u.a. 1983, S. 19)*.

Eine solche Determinierung des politischen Urteils durch politische Präferenzen müßte demnach besonders stark bei Stammwählern ausgeprägt sein. Diese haben ja eine besonders stabile Beziehung zu ihrer gewählten Partei: zwischen 70% und 90% fühlen sich ihr auch langfristig verbunden (vgl. Kap. 6).

Die folgende Abbildung 40 veranschaulicht die Kompetenzurteile, die Stammwähler über "ihre" Regierung 1990 abgeben. Um es noch einmal zu wiederholen: in die Berechnungen gingen nur die (vielen) Stamm- und Wechselwähler ein, die das jeweilige politische Problem für "wichtig" oder "sehr wichtig" hielten (vgl. Abb. 38 und 39).

19 In Anlehnung an die Numerierung der Abbildungen im Text heißen die Abbildungen für die Valenzen der *Stammwähler 1983* im Anhang: A38('83), für 1987: A38('87), für die Valenzen der *Wechselwähler 1983* im Anhang: A39('83), für 1987: A39('87).

Abbildung 40

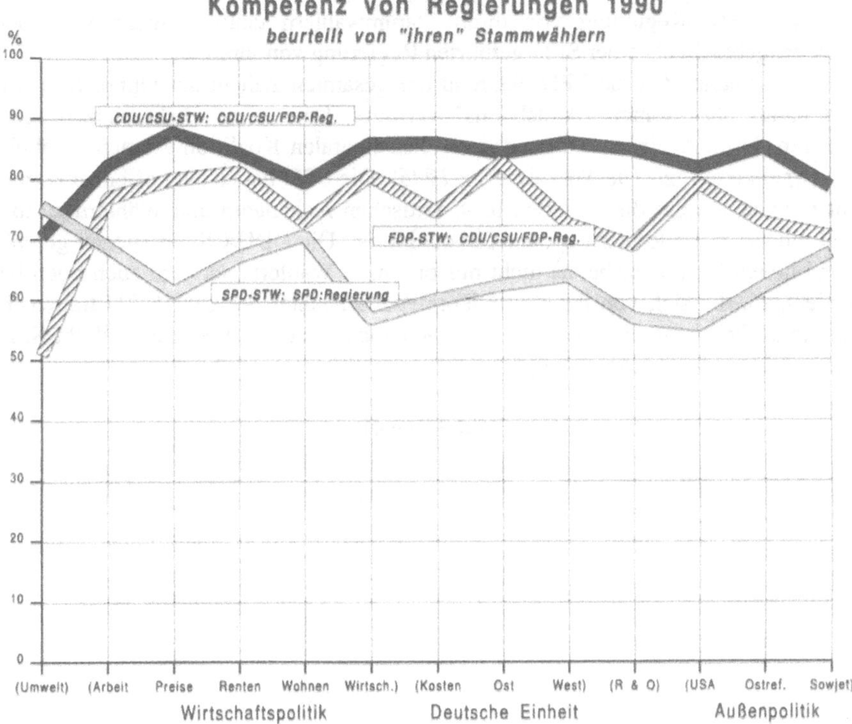

Exemplarisch zeigt sich 1990 das permanente Problem der *SPD* mit ihren Anhängern und sogar *Stammwählern*: sie trauen der SPD, die sie auch wählen wollen, weniger Kompetenz zu als andere Stammwähler ihrer jeweiligen Partei. Von dieser Regel gibt es 1990 nur eine Ausnahme: in der Umweltpolitik vertrauen am stärksten SPD-Stammwähler der SPD. Bei den übrigen Problemen geben "nur" zwischen 55% und 70% der SPD-Stammwähler an, daß sie eine SPD-geführte Regierung für kompetenter halten, während zwischen 70% und 90% der *CDU/CSU-Stammwähler* einer CDU/CSU/FDP-geführten Regierung ein solches Vertrauen entgegenbringen. *FDP-Stammwähler* liegen (mit Ausnahme der Umweltpolitik) zwischen diesen Werten. Die Koalitions-Parteien erfreuen sich also eines deutlich stärkeren generellen Zutrauens ihrer Stammwähler als die SPD.

Ähnlich wie 1990 verhielt es sich auch 1983 und 1987, und es gab auch typische "SPD-Issues". Außer der *Umweltpolitik* die damalige *Ostpolitik*, sowie das Eintreten für *"mehr Einfluß der Bürger auf die Entscheidungen des Staates"* (was aber 1990 nicht mehr erfragt wurde!): hier war das Vertrauen der SPD-Stammwähler in die SPD größer als das von Stammwähler der CDU/CSU und FDP in eine Koalitionsregierung "ihrer" Parteien. Bei allen anderen Problemen wurde aber einer CDU/CSU/FDP-Regierung von ihren Stammwählern deutlich mehr Vertrauen entgegengebracht als einer SPD-geführten Regierung von ihren.[20]

Die Tatsache, daß die SPD während der gesamten Zeit in der Opposition war und damit über keinen "Amtsbonus" verfügte, kann diese Diskrepanzen nicht erklären. Issue-Analysen während der sozial-liberalen Koalition erbrachten ähnliche Ergebnisse *(vgl. Ute Kort-Krieger 1986)*. Die SPD hat es also offenbar immer mit vergleichsweise distanzierten bzw. kritischen Anhängern und Wählern zu tun, egal, ob sie in der Regierung oder Opposition ist. Die CDU/CSU hingegen genießt einen hohen Vertrauensbonus nicht nur bei ihren Wählern, sondern auch noch bei denjenigen, die sich von ihr abwenden: Wechselwähler der CDU/CSU trauen ihr bei vielen Problemen immer noch mehr Kompetenz zu als ihrer neuen Wahl SPD, wie die folgende Abbildung zeigt.

Abbildung 41

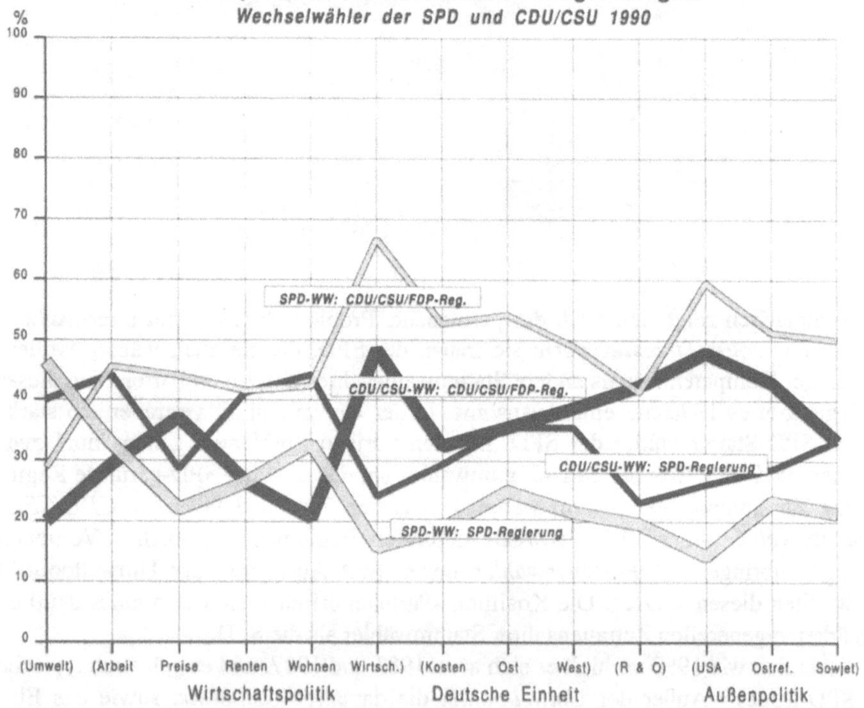

20 Vgl. im Anhang die Abbildungen A40('83) und A40('87).

Zunächst einmal wird deutlich, daß das Ausmaß des Vertrauens der Wechselwähler in die Kompetenz von Regierungen sehr viel geringer ist als das der Stammwähler. Abbildung 41 zeigt, daß nur zwischen 20% und 60% aller Wechselwähler einer der beiden (potentiellen) Regierungen zutrauen, die Probleme lösen zu können. Bei den Stammwählern waren es zwischen 50% und 90% (vgl. Abb. 40). Wechselwähler sind also weitaus skeptischer hinssichtlich der Kompetenz *aller* Regierungen. Weiterhin wird erkennbar, daß sich SPD-Wechselwähler vergleichsweise "rational" verhalten. Sie bewerten die Kompetenz ihrer neuen Wahl - eine CDU/CSU/FDP-Regierung - (mit Ausnahme der Umweltpolitik!) 1990 immer höher als die einer SPD-geführten Regierung. Sie wollen offenbar eine andere Partei wählen, weil sie von deren Kompetenz stärker überzeugt sind.

Die Wechselwähler der CDU/CSU hingegen legen auch hier einen besonders "weiten" politischen Weg zurück und verhalten sich im Vergleich zu den SPD-Wechselwählern nicht rational. In bezug auf die meisten Probleme trauen sie als Wechselwähler, die mehrheitlich eine SPD-Regierung favorisieren(!), einer CDU/-CSU/FDP-Regierung immer noch mehr oder gleich viel Kompetenz zu wie einer SPD-Regierung. Nur in der Umwelt- und Wirtschaftspolitik (mit Ausnahme der Preisstabilität) haben sie größeres Zutrauen in eine SPD-Regierung. Hier zeigt sich vielleicht, daß die subjektiv wichtigsten Probleme, nämlich die wirtschafts- und auch umweltpolitischen, den Ausschlag geben *(vgl. Kap. 11.1 und Karl-Heinz Reuband 1985).*

Die SPD-Wechselwähler unterscheiden sich in diesem Zusammenhang 1983 und 1987 kaum von denen des Jahres 1990. Außer in der *Umweltpolitik* trauen sie einer SPD-Regierung immer noch mehr Kompetenzen in der Lösung der klassischen "SPD-Issues" *Bürgerrechte* und *Ostpolitik* zu als einer CDU/CSU/FDP-Regierung. Diese waren aber auch im Vergleich zur Wirtschaftspolitik weniger wichtige Probleme.[21]

Stamm- und Wechselwähler der GRÜNEN und der FDP polarisieren in starkem Maße zwischen den beiden Regierungsmöglichkeiten: entweder halten die meisten eine SPD-geführte Regierung (Stamm- und Wechselwähler der GRÜNEN) oder eine CDU/CSU/FDP-Koalition (Stamm- und Wechselwähler der FDP) für kompetent. Die Wechselwähler dieser beider Parteien sind jeweils etwas weniger überzeugt, wie die Abbildungen 42 und 43 zeigen.

21 Vgl. im Anhang die Abbildungen A41('83) und A41('87).

Abbildung 42

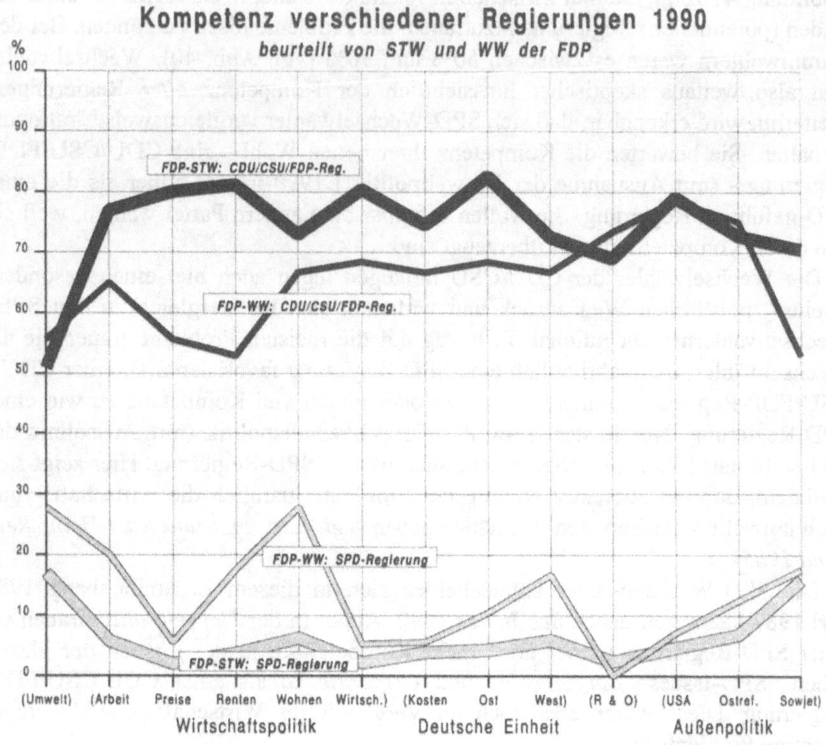

Abbildung 43

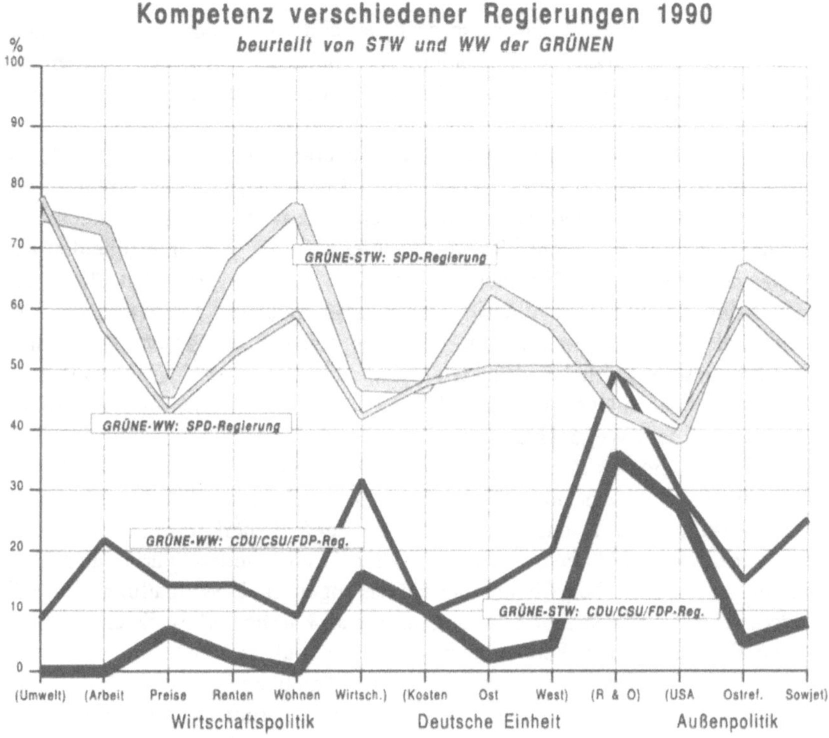

Bei den Stamm- und Wechselwählern der GRÜNEN ist die Polarisierung nicht ganz so stark wie bei denen der FDP. Die Kompetenz einer CDU/CSU/FDP-Regierung, für innerstaatliche "Ruhe und Ordnung" besser sorgen zu können, wird sogar ähnlich hoch eingeschätzt wie die einer SPD-Regierung! Derartige Polarisierungen waren bei den früheren Wahlen zwar nicht so stark ausgeprägt, deuteten sich aber bereits seit 1983 an, vor allem bei denen der FDP.[22]

22 Vgl. im Anhang die Abbildungen A42('83) und A42('87) für die FDP und für DIE GRÜNEN A43('83) und A43('87).

Resumee

Den Wechselwähler gibt es nicht: diese Analyse fand vier Typen, die sich zwar in Vielem ähneln, aber auch unterscheiden. Im folgenden Resumee werden die Konturen idealtypisch nachgezeichnet. Zunächst zu dem, was alle Wechselwähler verbindet.

Sie sind die Kinder und Enkel der Gründergeneration der Bundesrepublik, die ihre demokratische Lektion gelernt und die damit verbundenen Inhalte und Institutionen akzeptiert haben. Damit verbinden sie eine ausgeprägte Skepsis gegenüber den Inhabern politischer Positionen aller Couleur. Sie unterscheiden also sehr genau zwischen dem politischen System, dem sie sich verbunden fühlen und den politischen Machthabern, die sie auswechseln möchten. Letzteres sehen sie wohl auch als eine Möglichkeit an, daß das System auf Dauer auch unter Bedingungen gesellschaftlichen Wandels existieren kann. Sozial und ökonomisch sind Wechselwähler integriert oder aufgrund hoher schulischer und beruflicher Qualifikation auf dem Wege dazu.

Worin unterscheiden sich nun aber die Wechselwähler untereinander? Wichtig wird hier die Prägung des politischen Denkens und Handelns durch ihre parteipolitische Herkunft. Der Wechselwähler, der von der SPD herkommt, zeigt Charakteristika "rationalen" Wählens. Er wählt (diesmal) eine andere Partei und bleibt gleichzeitig mit seinen langfristigen und Neigungen und Sympathien der SPD verbunden. Auch andere soziale Bindungen, wie an Kirchen, Gewerkschaften oder alternative Bewegungen lockert er keineswegs. Er muß sich also nicht aus allen Bindungen lösen, damit er eine andere Partei wählen kann: nicht einmal seine langfristige politische Orientierung an der SPD leidet darunter! Er wählt nur nicht mehr "automatisch", was sein soziales Milieu ihm nahelegt. Sozial gehört er zu den (etwas älteren) Etablierten der Neuen Mittelschichten.

Zu den Etablierten gehört auch insbesondere der "typische" FDP-Wechselwähler, aber nicht nur zu denen der Neuen Mittelschichten, sondern auch zu denen des Alten Mittelstandes. Auch dieser Wechselwähler handelt "rational", aber in einer etwas anderen Spielart. Seine langfristigen sozialen und politischen Bindungen an bestimmte Parteien und Gruppen sind wenig ausgeprägt, und darin unterscheidet er sich kaum von dem Stammwähler der FDP. Das heißt aber nicht, daß der FDP-Wechselwähler solche Bindungen nicht hat: er verändert sie nur leichter bzw. häufiger! Wenn der SPD-Wechselwähler also mögliche Diskrepanzen zwischen politischer Neigung und politischem Handeln aushält, entstehen solche im FDP-Wechselwähler erst gar nicht: er kann das politische Spiel vergleichsweise emotionslos spielen!

Dies scheint aber dem Wechselwähler, der von der CDU/CSU herkommt, am schwersten möglich. Er sieht sich offenbar gezwungen, seine politischen und sozialen Bindungen, Neigungen und Orientierungen am stärksten zu ändern bzw. an das politische Milieu, in das er wechselt, anzupassen. Hierzu mag auch beitragen, daß er (etwas) jünger ist und deshalb (noch nicht) so stark in den Mittelschichten etabliert. Aber aufgrund seiner hohen formalen Schul- und Berufsqualifikation ist zu vermuten, daß er sich noch im Prozeß des sozialen Aufstiegs befindet. Insgesamt entsteht der Eindruck, daß Wechselwähler von der CDU/CSU sehr viel stärker als die anderen neue politische und soziale Orientierungen suchen.

Die Wechselwähler der GRÜNEN verkörpern wohl am stärksten die politische "Enkelgeneration" in der Bundesrepublik. Sie sind bei weitem die jüngsten und verfügen - als Kinder der Bildungsexpansion - über einen deutlich höheren Grad formaler Qualifikation als alle übrigen. Ihre politischen Präferenzen sind sehr viel stärker festgelegt und zwar eindeutig bei der SPD: andere Parteien kommen für sie kaum in Frage. Die Prioritäten bei politischen Problemen und Wertvorstellungen, die die Programatik der GRÜNEN von anderen Parteien unterscheidet, sind bei den GRÜNEN-Wechselwählern noch erkennbar, aber ganz offenbar auch ihr Anpassungswille an die "etablierte" Linke, von der sie wohl auch ursprünglich kamen.

Aber von diesen Enkeln sind in den letzten zehn Jahren wohl die stärksten Impulse für Veränderungen politischer Werte und Prioritäten in der (alten) Bundesrepublik ausgegangen. Wenn Wechselwählen als Reaktion auf solche Veränderungen gewertet wird, kann man es auch als den - illusionslosen - Versuch der Kinder und Enkel der (alten) Bundesrepublik bezeichnen, Kontinuität des politischen Systems und seiner Institutionen unter Bedingungen gesellschaftlichen Wandels zu wollen. Skepsis gegenüber Personen und Parteien mit Skepsis gegenüber dem System gleichzusetzen, ist ein Denkfehler, denn diese Wähler sind weder parteien- noch politikverdrossen, sondern im Gegenteil routiniert im Umgang mit der real exisitierenden Demokratie der Bundesrepublik und ihren Institutionen. Darin mögen allerdings Parteien und Politikern Gründe genug zur Verdrossenheit mit solchen (Wechsel-)Wählern finden.

Inzwischen hat der historische Wandel die (alte) Bundesrepublik eingeholt. Was die Wechselwähler anbelangt, so werden zukünftig zwei neue Wählergruppen gänzlich unterschiedlicher politischer Sozialisation und Erfahrung zu analysieren sein: Kinder und Enkel eines politisch und ökonomisch mißlungenen kommunistischen Experimentes und eines politisch und ökonomisch erfolgreichen demokratischen Systems. Hinzu werden die vergleichsweise kurzen gemeinsamen Erfahrungen mit Politik und Ökonomie im vereinten Deutschland kommen. Zu erwarten ist, daß sich auch das Spektrum der Motivationen und Typen von Wechselwählern verändern wird.

Verzeichnis der Tabellen

Tab. 1: Stamm-, Wechsel- und Erstwähler in Vorwahlumfragen zu den Bundestagswahlen 1961-1990

Tab. 2: Stamm- und Wechselwähler der Parteien in den Vorwahlumfragen 1983, 1987 und 1990

Tab. 3: Stamm- und Wechselwähler ohne Parteineigung (1983, 1987 und 1990)

Tab. 4: Sympathien der SPD-Wechselwähler in bezug auf die SPD, CDU, CSU, FDP und DIE GRÜNEN (1983, 1987 und 1990)

Tab. 5: Geschlecht, Alter und Schulbildung der Stamm- und Wechselwähler (1983, 1987 und 1990)

Tab. 6: Schulbildung in den Altersgruppen 1990

Tab. 7: Alter der Stamm- und Wechselwähler der GRÜNEN (1983, 1987 und 1990)

Tab. 8: Soziale Schichtung der Berufstätigen (Wahl-Panel 1987 und 1990)

Tab. 9: Bildungsgrad in den sozialen Schichten 1990

Tab. 10: Höhere Bildung (Mittlere Reife oder Abitur) und soziale Schicht in den Altersgruppen 1990

Tab. 11: Bindungen der Stamm- und Wechselwähler an Parteien, Gewerkschaften und Kirchen (1983, 1987 und 1990)

Tab. 12: Anhänger der Anti-Kernkraft-, Friedens- und Frauenbewegung unter Stamm- und Wechselwählern 1987

Tab. 13: Anhänger/-innen der Frauenbewegung unter Stamm- und Wechselwählern 1987

Tab. 14: Gegner absoluter Mehrheiten unter Stamm- und Wechselwählern (1983, 1987 und 1990)

Tab. 15: Politisches Interesse bei Stamm- und Wechselwählern (1983, 1987 und 1990)

Tab. 16: Issues der Bundestagswahlen 1983, 1987 und 1990

Verzeichnis der Abbildungen

Abb. 1: Erwerbspersonen in der Bundesrepublik 1950-1988 (nach Stellung im Beruf)
Abb. 2: Stamm- und Wechselwähler 1961-1990
Abb. 3: Wechselwähler der Parteien 1961-1990
Abb. 4: Stamm- und Wechselwähler 1983-1990
Abb. 5: Wahlabsicht der SPD-Wechselwähler 1983-1990
Abb. 6: Wahlabsicht der CDU/CSU-Wechselwähler 1983-1990
Abb. 7: Wahlabsicht der GRÜNEN-Wechselwähler 1983-1990
Abb. 8: Wahlabsicht der FDP-Wechselwähler 1983-1990
Abb. 9: Parteineigung der SPD-Wechselwähler 1983-1990
Abb. 10: Parteineigung der CDU/CSU-Wechselwähler 1983-1990
Abb. 11: Parteineigung der GRÜNEN-Wechselwähler 1983-1990
Abb. 12: Parteineigung der FDP-Wechselwähler 1983-1990
Abb. 13: Sympathie für die SPD: Wechselwähler 1983-1990
Abb. 14: Sympathie für die CDU und CSU: Wechselwähler 1983-1990
Abb. 15: Sympathie für die FDP: Wechselwähler 1983-1990
Abb. 16: Sympathie für DIE GRÜNEN: Wechselwähler 1983-1990
Abb. 17: Sympathie für die SPD-Kanzlerkandidaten 1983-1990
Abb. 18: Sympathie für den Kanzlerkandidaten Kohl 1983-1990
Abb. 19: Links-Rechts-Einschätzung der Parteien 1990
Abb. 20: Links-Rechts-Selbsteinschätzung 1983-1990
Abb. 21: Wechselwähler: Frauen-/Männerüberschuß 1983-1990
Abb. 22: Stammwähler: Frauen-/Männerüberschuß 1983-1990
Abb. 23: Alter der Stammwähler 1990
Abb. 24: Alter der Wechselwähler 1990
Abb. 25: Schulbildung der Stammwähler 1990
Abb. 26: Schulbildung der Wechselwähler 1990
Abb. 27: Soziale Schicht der Stammwähler 1990
Abb. 28: Soziale Schicht der Wechselwähler 1990
Abb. 29: Anhänger alternativer Bewegungen 1987
Abb. 30: Eigene Meinung zur Kernenergie (Stammwähler) 1987
Abb. 31: Eigene Meinung zur Kernenergie (Wechselwähler) 1987
Abb. 32: Fairneß von System und Regierung (Stamm- und Wechselwähler der CDU/CSU 1983)
Abb. 33: Fairneß von System und Regierung (Stamm- und Wechselwähler der SPD 1983)
Abb. 34: Fairneß von System und Regierung (Stamm- und Wechselwähler der FDP 1983)
Abb. 35: Fairneß von System und Regierung (Stamm- und Wechselwähler der GRÜNEN 1983)
Abb. 36: Gegner absoluter Mehrheiten unter Wechselwählern 1983-1990
Abb. 37: Gegner absoluter Mehrheiten unter Stammwählern 1983-1990
Abb. 38: Valenzen 1990 (Stammwähler der Parteien)
Abb. 39: Valenzen 1990 (Wechselwähler der Parteien)

Abb. 40: Kompetenz von Regierungen 1990 (beurteilt von "ihren" Stammwählern)
Abb. 41: Kompetenz verschiedener Regierungen 1990 (Wechselwähler der SPD und CDU/CSU)
Abb. 42: Kompetenz verschiedener Regierungen 1990 (Stammwähler und Wechselwähler der FDP)
Abb. 43: Kompetenz verschiedener Regierungen 1990 (Stamm- und Wechselwähler der GRÜNEN)

Anhang

Datengrundlagen und Primärforscher

Abbildungen A38('83) bis A43('87)

Literaturverzeichnis

Datengrundlagen und Primärforscher

Aus den Wahlstudien zu den Bundestagswahlen 1961 bis 1980 wurden nur Daten zur Berechnung der Anteile von Stamm- und Wechselwählern, wie sie in die Tabelle 1 und die Abbildungen 2 und 3 eingegangen sind, verwendet. Daten der Wahlstudien 1983, 1987 und 1990 bilden die Grundlagen aller übrigen Analysen in diesem Buch.

Wahlstudie 1961 (ZA-Nr.0055)
Gerhard Baumer, Erwin K. Scheuch, Rudolf Wildenmann
DIVO Institut Frankfurt; Forschungsinsitut für Soziologie und
Institut für Politische Wissenschaft der Universität zu Köln

Wahlstudie 1965 (ZA-Nr.0556)
Max Kaase, Rudolf Wildenmann
Universität Mannheim

Wahlstudie 1969 (ZA-Nr.0525)
Politik in der Bundesrepublik Deutschland - August 1969
Max Kaase, Rudolf Wildenmann in Zusammenarbeit mit:
Wolfgang Adrian, Manfred Berger, Rudolf Wildenmann, Universität Mannheim

Wahlstudie 1972 (ZA-Nr.0635)
Manfred Berger, Wolfgang G. Gibowski, Max Kaase, Dieter Roth, Uwe Schleth,
Rudolf Wildenmann, Universität Mannheim

Wahlstudie 1976 (ZA-Nr.0823)
Forschungsgruppe Wahlen e.V. Mannheim: Manfred Berger, Wolfgang G. Gibowski,
Edelhard Gruber, Dieter Roth, Wolfgang Schulte in Zusammarbeit mit:
Max Kaase, Hans D. Klingemann, Zentrum für Umfragen, Methoden und Analysen (ZUMA),
Mannheim, Uwe Schleth, Universität Heidelberg

Wahlstudie 1980 (ZA-Nr.1053)
Forschungsgruppe Wahlen e.V. Mannheim: Manfred Berger, Wolfgang G. Gibowski, Dieter Roth,
Wolfgang Schulte

Wahlstudie 1983 (ZA-Nr.1276)
Forschungsgruppe Wahlen e.V. Mannheim: Manfred Berger, Wolfgang G. Gibowski, Dieter Roth,
Wolfgang Schulte in Zusammenarbeit mit: Max Kaase, Universität Mannheim,
Manfred Küchler, Freie Universität Berlin, Uwe Schleth, Universität Heidelberg

Wahlstudie 1987 - Panel-Studie (ZA-Nr.1537)
Forschungsgruppe Wahlen e.V. Mannheim: Manfred Berger, Wolfgang G. Gibowski, Dieter Roth,
Wolfgang Schulte in Zusammenarbeit mit: Max Kaase, Universität Mannheim,
Hans D. Klingemann, Freie Universität Berlin, Franz U. Pappi, Universität Kiel

Wahlstudie 1990 - Panel-Studie (ZA-Nr.1919)
Forschungsgruppe Wahlen, Mannheim in Zusammenarbeit mit:
Max Kaase, Universität Mannheim, Hans D. Klingemann, Wissenschaftszentrum Berlin, Manfred Küchler, Hunter College, New York, Franz-Urban Pappi, Universitäten Kiel und Mannheim, H.A. Semetko, University of Michigan, Ann Arbor

Abbildungen

Abb. A38('83): Valenzen 1983 (Stammwähler der Parteien)
Abb. A38('87): Valenzen 1987 (Stammwähler der Parteien)

Abb. A39('83): Valenzen 1983 (Wechselwähler der Parteien)
Abb. A39('87): Valenzen 1987 (Wechselwähler der Parteien)

Abb. A40('83): Kompetenz von Regierungen 1983
(beurteilt von "ihren" Stammwählern)
Abb. A40('87): Kompetenzen von Regierungen 1987
(beurteilt von "ihren" Stammwählern)

Abb. A41('83): Kompetenz verschiedener Regierungen
(Wechselwähler der SPD und CDU/CSU 1983)
Abb. A41('87): Kompetenz verschiedener Regierungen
(Wechselwähler der SPD und CDU/CSU 1987)

Abb. A42('83): Kompetenz verschiedener Regierungen
(Stamm- und Wechselwähler der FDP 1983)
Abb. A42('87): Kompetenz verschiedener Regierungen
(Stamm- und Wechselwähler der FDP 1987)

Abb. A43('83): Kompetenz verschiedener Regierungen
(Stamm- und Wechselwähler der GRÜNEN 1983)
Abb. A43('87): Kompetenz verschiedener Regierungen
(Stamm- und Wechselwähler der GRÜNEN 1987)

Abbildung A38('83)

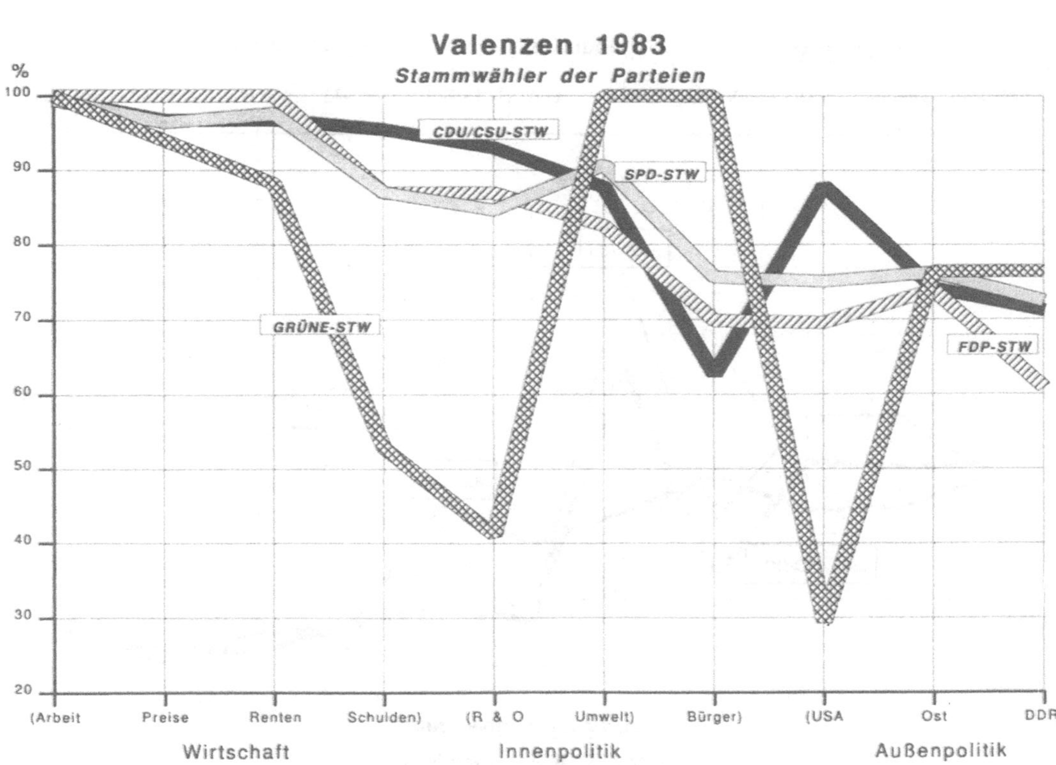

Abbildung A38('87)

Valenzen 1987

Stammwähler der Parteien

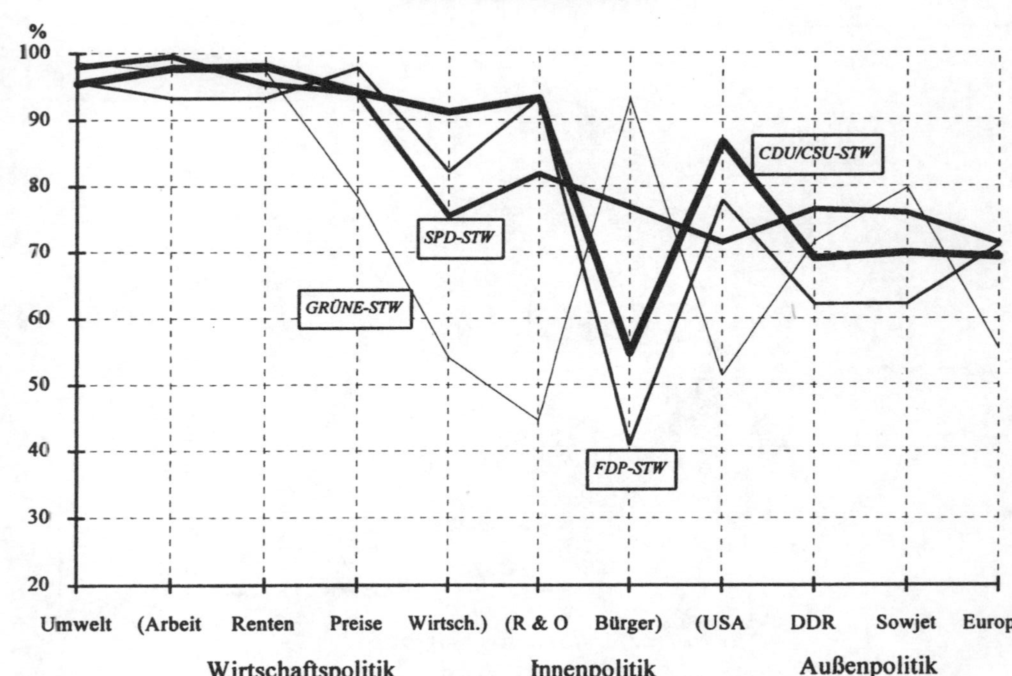

Abbildung A39('83)

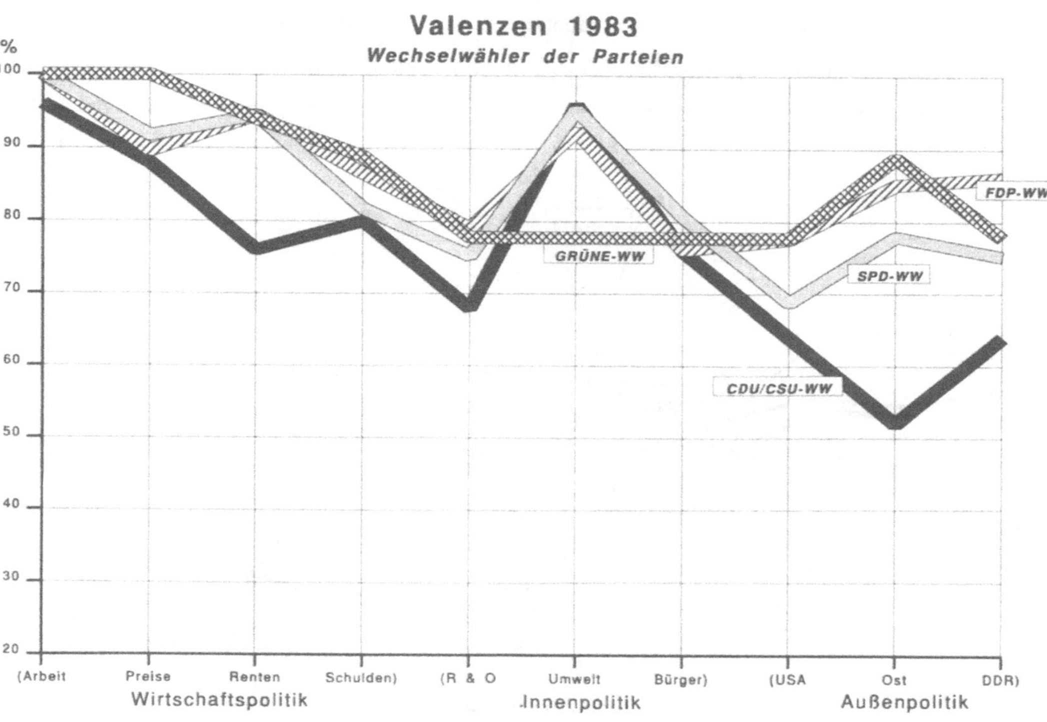

Abbildung A39('87)

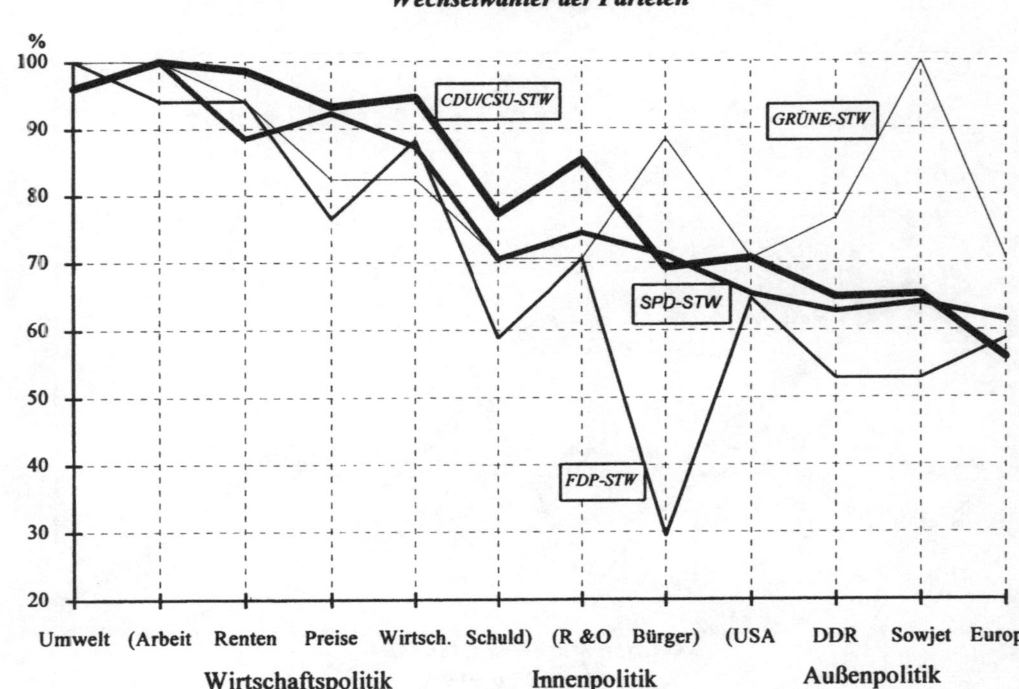

Abbildung A40('83)

Kompetenz von Regierungen 1983
beurteilt von "ihren" Stammwählern

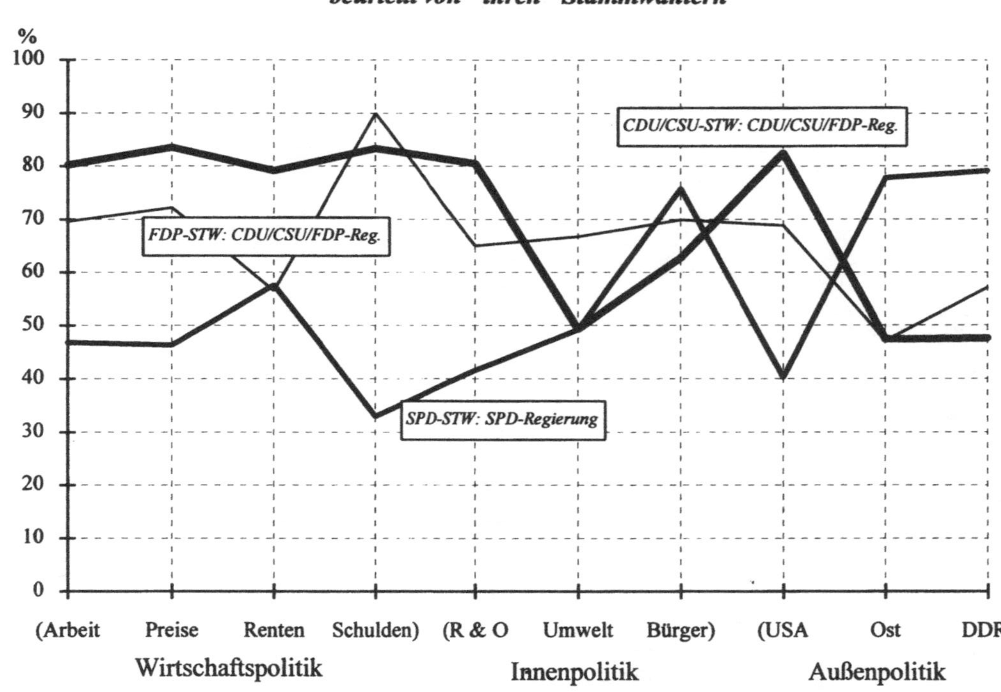

Abbildung A40('87)

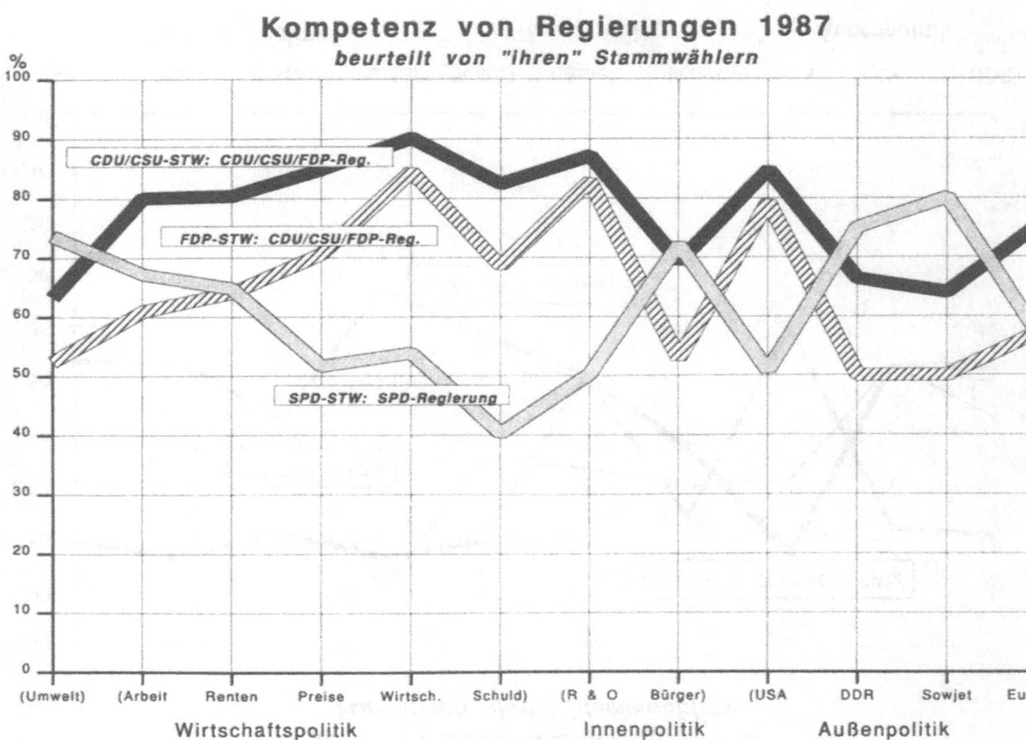

Abbildung A41('83)

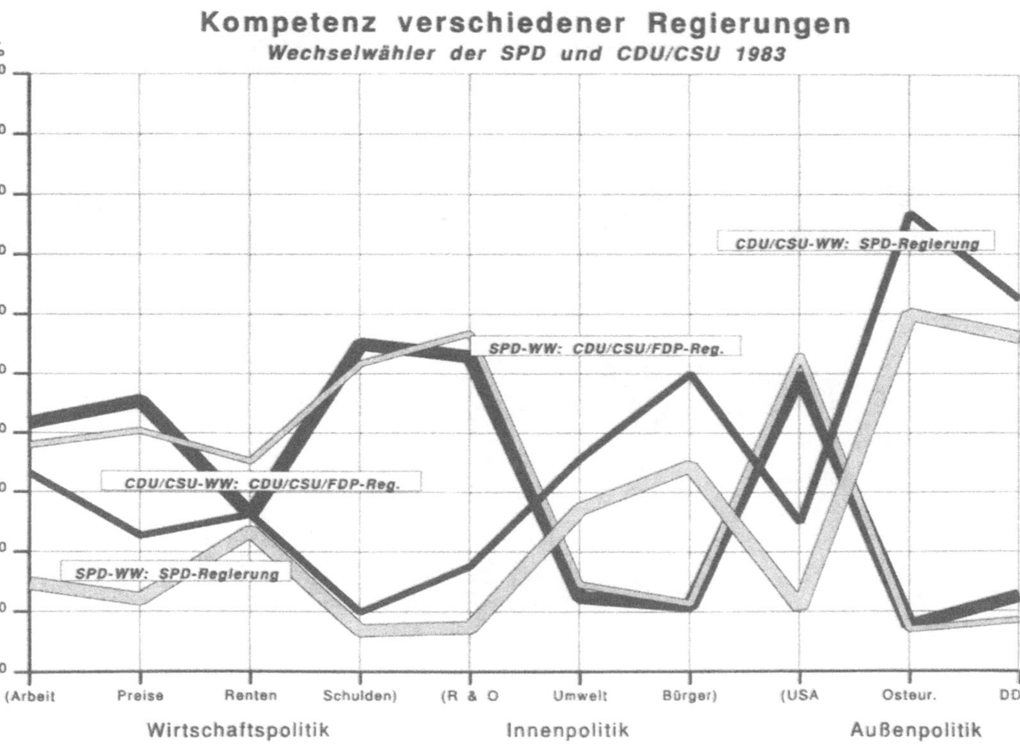

Abbildung A41('87)

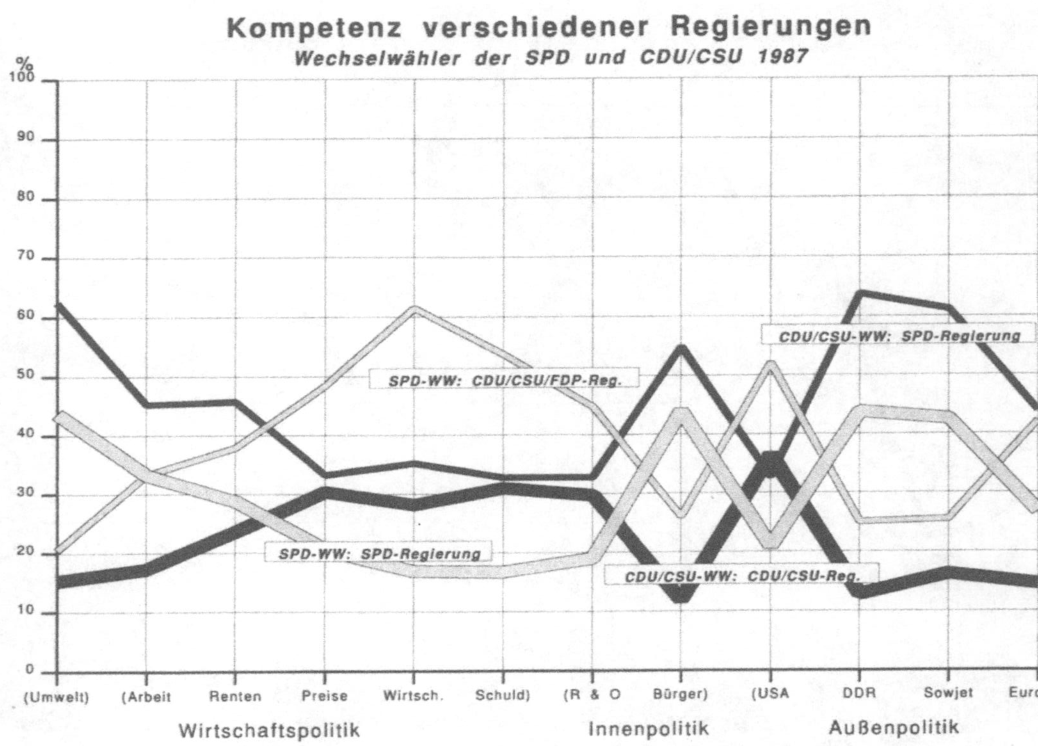

Abbildung A42('83)

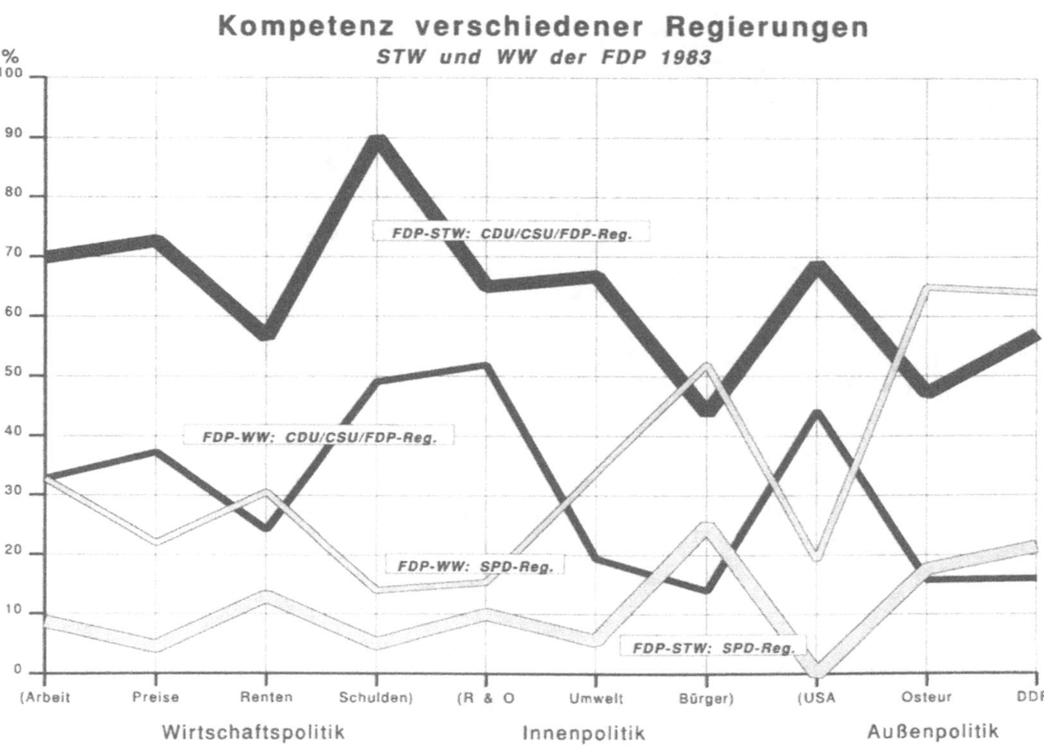

Abbildung A42('87)

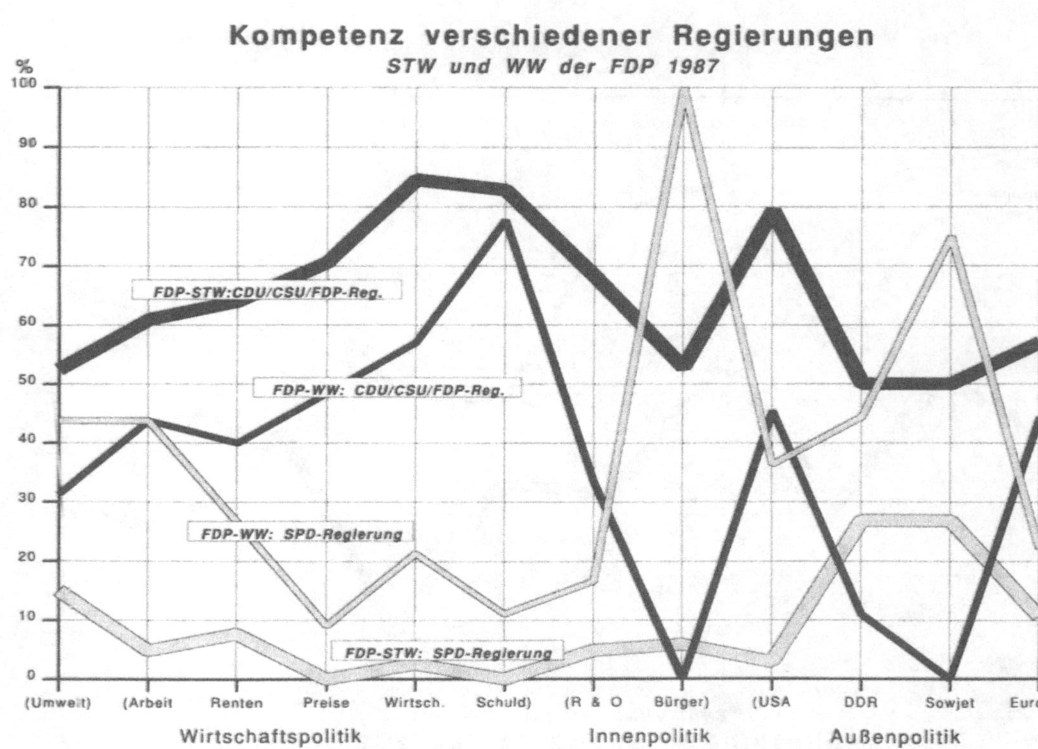

Abbildung A43('83)

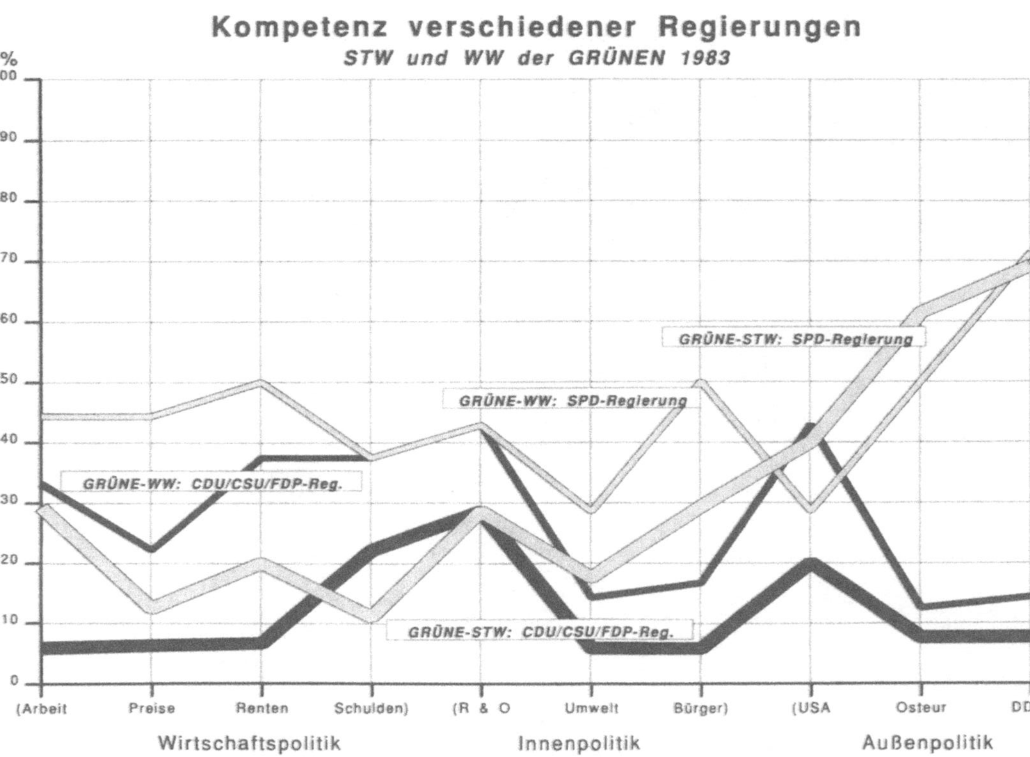

Abbildung A43('87)

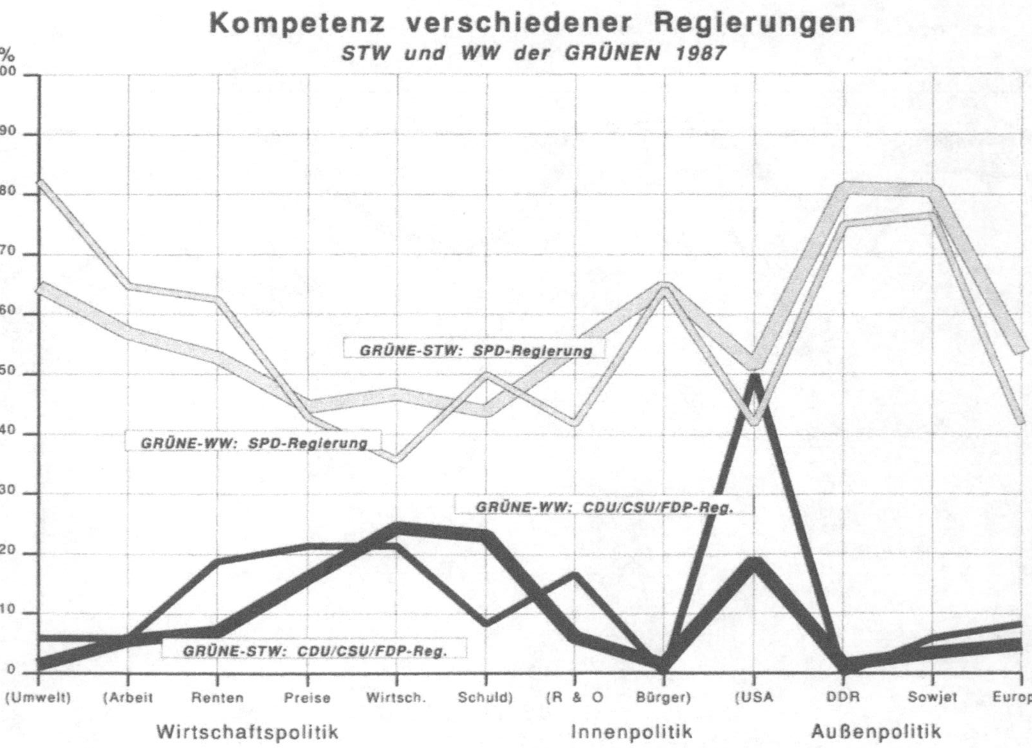

Literaturverzeichnis

Berger, Manfred, Wolfgang Gibowski, Dieter Roth und Wolfgang Schulte 1983: "Stabilität und Wechsel. Eine Analyse der Bundestagswahl 1980", in: Max Kaase und Hans-Dieter Klingemann (Hg.) 1983: Wahlen und politisches System - Analysen aus Anlaß der Bundestagswahl 1980, Opladen: Westdeutscher Verlag, S. 12-57

Berger, Manfred, Wolfgang G. Gibowski, Dieter Roth und Wolfgang Schulte 1986: "Legitimierung des Regierungswechsel", in: Hans-Dieter Klingemann u. Max Kaase (Hg.) 1986: Wahlen und politischer Prozeß - Analysen aus Anlaß der Bundestagswahl 1983, Opladen: Westdeutscher Verlag

Brand, Karl-Werner und Harro Honolka 1987: Lebenswelt und Wahlentscheidung, Opladen: Westdeutscher Verlag

Brinkmann, Heinz Ulrich 1988: Wahlverhalten der neuen Mittelschicht in der Bundesrepublik Deutschland, in: Aus Politik und Zeitgeschichte, B 30-31/88, S. 19-32

Bürklin, Wilhelm 1988: Wählerverhalten und Wertewandel, Opladen: Leske und Budrich

Butler, David and Donald Stokes 1969: Political Change in Britain, New York, London: St. Martin's Press (2nd ed. 1974)

Campbell, Angus, Philip E. Converse, William E. Miller and Donald E. Stokes 1960: The American Voter, New York: Wiley

Czada, Roland 1990: "Sozialstruktur und Stimmabgabe", in: Der Bürger im Staat, 40. Jg., Heft 3, S. 145-150

Downs, Anthony 1957: An Economic Theory of Democracy, New York: Harper & Bothers (deutsch: Ökonomische Theorie der Demokratie, Tübingen: J.C.B. Mohr (Paul Siebeck) 1968)

Falter, Jürgen W.und Siegfried Schumann 1989: "Methodische Probleme von Wahlforschung und Wahlprognose", in: Aus Politik und Zeitgeschichte, B 43/89, S. 3-14

Faul, Erwin (Hg.) 1960: Wahlen und Wähler in Westdeutschland, Villingen: Ring Verlag

Feist, Ursula 1991: "Zur politischen Akkulturation der vereinten Deutschen - Eine Analyse aus Anlaß der ersten gesamtdeutschen Bundestagswahl", in: Aus Pollitik und Zeitgeschichte, B11-12/91, S. 21-32

Feist, Ursula und Klaus Liepelt 1987: "Modernisierung zu Lasten der Großen - Wie die deutschen Volksparteien an Interpretationskraft verlieren", in: Journal für Sozialforschung, 27. Jg., Heft 3/4, S. 277-296

Festinger, Leon A. 1957: A Theory of Cognitive Dissonance, Stanford Calif.: Stanford University Press

Fiorina, Morris P. 1981: Retrospective Voting in American National Elections, New Haven: The Yale University Press

Fogt, Helmut und Pavel Uttitz 1984: "Die Wähler der Grünen 1980-1983 - Systemkritischer Neuer Mittelstand", in: Zeitschrift für Politik, 15. Jg., S. 210-226

Forschungsgruppe Wahlen 1985: Wahl im Saarland - Eine Analyse der Landtagswahl am 10. März 1985, Berichte der FGW e.V., Nr. 40, Mannheim

Forschungsgruppe Wahlen 1990: "Sieg ohne Glanz - Eine Analyse der Bundestagswahl 1987", in: Max Kaase und Hans-Dieter Klingemann (Hg): Wahlen und Wähler, Opladen: Westdeutscher Verlag, S. 689-734

Garding, Hartmut 1978: "Ostpolitik - Issues 1972 und 1976", in: Dieter Oberndörfer (Hg.) 1978: Wählerverhalten in der Bundesrepublik Deutschland, Berlin: Duncker & Humboldt, S. 321-328

Geiger, Theodor 1932: Die soziale Schichtung des deutschen Volkes, Stuttgart: Ferdinand Enke

Gibowski, Wolfgang G.und Max Kaase 1991: "Auf dem Weg zum politischen Alltag - Eine Analyse der ersten gesamtdeutschen Bundestagswahl vom 2. Dezember 1990", in: Aus Politik und Zeitgeschichte, B11-12/91, S. 3-20

Glaser, Hermann 1991: "Kultur und Gesellschaft in der Bundesrepublik - Eine Profilskizze 1945-1990", in: Aus Politik und Zeitgeschichte, B1-2/91, S. 3-15

Gluchowski, Peter 1987: "Lebensstile und Wandel der Wählerschaft in der Bundesrepublik Deutschland", in: Aus Politik und Zeitgeschichte, B12/87, S. 18-32

Greiffenhagen, Martin 1991: "Die Bundesrepublik Deutschland 1945 - 1990 - Reformen und Skizzen der politischen Kultur", in: Aus Politik und Zeitgeschichte, B1-2/91, S. 16-26

Himmelweit, Hilde T., Patrick Humphries, Marianne Jaeger and Michael Katz 1981: How Voters Decide, 2nd ed., London: Academic Press

Hoschka, Peter und Hermann Schmunck 1982: "Das Puzzlespiel der Wählerwanderungen: noch immer nicht gelöst", in: Zeitschrift für Parlamentsfragen, 13. Jg., S. 113-115

Jung, Matthias 1990: "Der Wechselwähler - das unbekannte Wesen", in: Der Bürger im Staat, 40. Jg., Heft 3, S. 181-185

Kaase, Max 1965: "Analyse der Wechselwähler in der BRD", in: Erwin K. Scheuch und Rudolf Wildenmann (Hg.) 1965: Zur Soziologie der Wahl, 9. Sonderheft der Kölner Zeitschrift für Soziologie und Sozialpsychologie, Köln/ Opladen: Westdeutscher Verlag, S. 113-125

Kaase, Max 1967: Wechsel von Parteipräferenzen, Meisenheim am Glan: Verlag Anton Hain

Kaase, Max 1973: "Die Bundestagswahl 1972 - Probleme und Analysen", in: Politische Vierteljahreszeitschrift, Bd. 14, S. 145-190

Kaase, Max und Hans-Dieter Klingemann (Hg.) 1983: Wahlen und politisches System - Analysen aus Analß der Bundestagswahl 1980, Opladen: Westdeutscher Verlag

Kaase, Max und Hans-Dieter Klingemann (Hg.) 1990: Wahlen und Wähler - Analysen aus Anlaß der Bundestagswahl 1987, Opladen: Westdeutscher Verlag

Kaltefleiter, Werner und Barabara Lübcke 1991: "Die Struktur der deutschen Wählerschaft nach der Vereinigung", in: Zeitschrift für Politik, Jg. 38 (Neue Folge), Heft 1, S. 1-32

Klingemann, Hans-Dieter 1972: "Issue-Kompetenz und Wahlentscheidung", in: Politische Vierteljahreszeitschrift, Bd. 14, S. 227-255

Klingemann, Hans-Dieter 1972a: "Politische Bestimmungsgründe der Wahlentscheidung", in: Politsche Bildung, Bd. 5, S. 24-40

Klingemann, Hans-Dieter und Max Kaase (Hg.) 1986: Wahlen und politischer Prozeß - Analysen der Bundestagswahl 1983, Opladen: Westdeutscher Verlag

Kort-Krieger, Ute 1986: "Der realistische Wähler", in: Politische Vierteljahresschrift, 27. Jg., Heft 3, S. 290-310

Kort-Krieger, Ute und Jörn W. Mundt 1986: Praxis der Wahlforschung, Frankfurt/Main: Campus

Lazarsfel, Paul F., Bernhard A. Berelson und Hazel Gaudet 1944: The People's Choice - How the Voter makes up his Mind in a Presidential Campaign, New York: Columbia University Press (deutsch: Wahlen und Wähler, Neuwied: Luchterhand 1969)

Lenski, Gerhard E. 1966: Power and Privilege - A Theory of Social Stratification, New York: McGraw-Hill Book Co. (deutsch: Macht und Privileg - Eine Theorie der sozialen Schichtung, Frankfurt/Main: Suhrkamp 1977)

Radunski, Peter 1985: "Die Wähler in der Stimmungsdemokratie - Beobachtungen am neuen Wahlverhalten", in: Sonde, 18. Jg., Nr. 2, S. 3-13

Rattinger, Hans 1980: "Empirische Sozialforschung auf der Suche nach dem rationalen Wähler", in: Zeitschrift für Politik, Bd. 27, S. 44-58

Reuband, Karl-Heinz 1985: "Mehrheitsmeinung und Wahlentscheidung - Paradoxien und Dilemmata 'rationalen' Wählens", in: Gegenwartskunde, Jg. 34, Heft 34, S. 299-310

Roth, Dieter 1991: "Ein Parteiensystem im Wandel", in: Die Neue Gesellschaft - Frankfurter Hefte, 38. Jg., Heft 2, S. 140-147

Schleth, Uwe und Erich Weede 1971: "Causal Models on Westgerman Voting Behavior", in: Rudolf Wildenmann (Hg.) 1971: Sozialwissenschaftliches Jahrbuch für Politik, Bd. 2, München: Olzog, S. 73-97

Schultze, Rainer-Olaf 1975: "Die Bundestagswahl 1976 - Prämissen und Perspektiven", in: Zeitschrift für Parlamentsfragen, Bd. 5, S. 530-565

Schultze, Rainer-Olaf 1990: "Wählerverhalten und Parteiensystem", in: Der Bürger im Staat, 40. Jg., Heft 3, S. 135-144

Süß, Werner 1986: "Wahl und Führungswechsel. Politik zwischen Legitimation und Elitekonsens. Zum Bonner Machtwechsel", in: Hans-Dieter Klingemann und Max Kaase (Hg.) 1986: Wahlen und politischer Prozeß, Opladen: Westdeutscher Verlag, S. 39-83

Veen, Hans-Joachim 1984: "Wer wählt grün? Zum Profil der neuen Linken in der Wohlstandsgesellschaft", in: Aus Politik und Zeitgeschichte, B35-36/84, S. 3-17

Veen, Hans-Joachim; Peter Gluchowski 1988: "Sozialstrukturelle Nivellierung bei politischer Polarisierung - Wandlungen und Konstanten in den Wählerstrukturen der Parteien 1953-1987", in: Zeitschrift für Parlamentsfragen, Jg. 19, Heft 2, S. 225-248

Vorstand der SPD 1984: Planungsdaten für die Mehrheitsfähigkeit der SPD - Ein Forschungsprojekt des Vorstandes der SPD, Bonn: unveröff. Manuskript

Weber, Max 1964: Wirtschaft und Gesellschaft, Köln und Berlin: Kiepenheuer & Witsch

NEUERSCHEINUNG

Britta Büchner

Rechte Frauen, Frauenrechte und Klischees der Normalität

Gespräche mit »Republikanerinnen«

Münchner Studien zur Kultur- und Sozialpsychologie, Band 5, herausgegeben von Prof. Dr. Heiner Keupp

1994, ca. 220 Seiten, br., ISBN 3-89085-886-4, ca. 38,– DM

Welche Motive haben Frauen, sich im rechtsradikalen Spektrum zu engagieren?

Acht politisch aktive »Republikanerinnen« nehmen in ausführlichen Gesprächen zu umfangreichen Themenbereichen Stellung. Angesprochen werden ihre eigenen politischen und persönlichen Entwicklungen, wie die politischen Traditionen in der Ursprungsfamilie, die Einflüsse von und auf den Partner und die eigenen Lebenskonstruktionen.
Ebenso werden Fragen nach den Vorstellungen von Gleichberechtigung, Partnerschaft und Beruf, Geschlechtsstereotypen und Frauen in der Partei gestellt.
»Rechte« Themen, wie AusländerInnen, AsylbewerberInnen, Umweltschutz als Heimatschutz, nationale Gegenwart und Vergangenheit, soziale Probleme gehören ebenfalls in den Fragenkatalog.

Die Autorin verbindet die Aussagen mit bestehenden Theorien zum Rechtsradikalismus und entwirft eigene Interpretationsschemata.

Die Autorin, Dr. phil. *Britta Büchner,* promovierte in Sozialpsychologie und ist als freie Wissenschaftlerin tätig.

Zeitfracht Medien GmbH
Ferdinand-Jühlke-Straße 7
99095 Erfurt, Deutschland
produktsicherheit@kolibri360.de